Culture:
alibi ou liberté?

DU MÊME AUTEUR

Essais, critique :

Le Réel et le théâtral, Éditions Hurtubise HMH, Montréal, 1979; Éditions Denoël (coll. «Les lettres nouvelles») Paris, 1971. *Prix France-Canada*, 1971.

Reality and Theatre (trad. anglaise de Alan Brown), House of Anansi, Toronto.

La Mémoire et la promesse, Éditions Hurtubise HMH, Montréal, 1978; Éditions Denoël, Paris, 1979.

Écrivains des Amériques, Tome I. «Les États-Unis», 1972; Tome II, «Le Canada anglais», 1976, Tome III, «L'Amérique latine», 1980.

Le Désir et le pouvoir, Éditions Hurtubise HMH, Montréal, 1983.

Le Repos et l'oubli, Éditions Hurtubise HMH, Montréal, 1987; Éditions Les Méridiens-Klinksieck, Paris, 1987.

Le Père (essai), Éditions Hurtubise HMH, Montréal, 1990.

La Réconciliation (essai), Éditions Hurtubise HMH, Montréal, 1993.

Portraits d'un pays, Hexagone, Montréal, 1994.

Culture – alibi ou liberté? Éditions Hurtubise HMH, Montréal, 1996.

Théâtre :

La Discrétion et autres pièces, Éditions Leméac, Montréal, 1974.

Romans, nouvelles :

Dans le désert (nouvelles), Éditions Leméac, Montréal, 1974.

La Traversée (nouvelles), Éditions Hurtubise HMH, Montréal, 1976.

Le Rivage (nouvelles), Éditions Hurtubise HMH, Montréal, 1979; Éditions Gallimard, Paris, 1981.

Le Sable de l'île (nouvelles), Éditions Hurtubise HMH, Montréal, 1979, Éditions Gallimard, Paris, 1981.

La Reprise (nouvelles), Éditions Hurtubise HMH, Montréal, 1985.

The Neighbour (recueil de courtes nouvelles traduites du français par Judith Madley), McClelland & Stewart, Toronto.

Adieu Babylone (roman), Éditions La Presse, Montréal, 1975; Éditions Julliard, Paris, 1976.

Farewell Babylon (trad. anglaise de Sheila Fischman), McClelland & Stewart, Toronto.

Les Fruits arrachés (roman), Éditions Hurtubise HMH, Montréal, 1981.

La Fiancée promise (roman), Éditions Hurtubise HMH, 1983.

La Fortune du passager (roman), Éditions Hurtubise HMH, 1989.

Farida (roman), Éditions Hurtubise HMH, Montréal, 1991.

A.M. Klein (roman), XYZ, Montréal, 1994.

La Distraction (nouvelles), Éditions Hurtubise HMH, Montréal, 1994.

NAÏM KATTAN

Culture: *alibi ou liberté?*

Essais

Collection Constantes

HURTUBISE
HMH

Données de catalogage avant publication (Canada)

Kattan, Naïm
   Culture alibi ou liberté
   (Collection Constantes)
   ISBN 2-89428-134-X

   1. Culture. 2. Québec (Province) – Civilisation – 20e siècle. 3. Francophonie. 4. Écrivains. I. Titre. II. Collection

HM101.K37 1996   306.4   C96-940386-90

Maquette de la couverture :
Robert Casavant

Mise en page :
Mégatexte

Éditions Hurtubise HMH Ltée
7360, boulevard Newman
Ville LaSalle (Québec)
Canada   H8N 1X2
Tél. : (514) 364-0323

ISBN 2-89428-134-X
Dépôt légal 2e trimestre 1996
Bibliothèque Nationale du Québec
Bibliothèque Nationale du Canada

Imprimé au Canada

Pull out some terms, useful diffs
+ useful summaries, too —

Sommaire

Culture et histoire

Toute culture vivante est en équilibre instable entre deux pôles : d'une part, le souci de préservation de l'origine, de la différence et, d'autre part, la dissolution dans l'autre culture qui, dans une similaire volonté d'auto-protection, l'affronte et la menace.

Quand elle réussit, la tentative de préservation de la différence aboutit à la disparition de la culture dans sa propre momification. Solide et immuable, elle meurt figée dans son refus du mouvement, c'est-à-dire de l'histoire.

À l'autre extrême, la menace de l'absorption n'est pas moins une menace de mort. Disparaître dans l'autre, fût-ce en le transformant, en en modifiant les contours, est une perte de substance à moins qu'il n'y ait un resurgissement au cœur de la différence : négation et possible synthèse.

L'histoire nous montre que la volonté d'auto-protection n'est, parfois, qu'une illusion, et que les cultures victorieuses, en en soumettant de plus faibles, ne les absorbent qu'au prix d'une perte de substance. Les Romains ont-ils vraiment vaincu les Grecs, et qu'est la culture arabe naissante sinon une mouture des cultures persane, hellène, voire hindoue, soumise pourtant à la religion victorieuse ? Les Ottomans, qu'ils fussent venus du fond des plaines asiatiques ou qu'ils fussent les descendants et les héritiers de la civilisation hittite, ont mis des siècles à répandre du Caire à Vienne le message des mahométans dont ils ont, par ailleurs, combattu la langue.

Le rapport entre les cultures finit par se nouer, fût-ce dans le feu et le sang. Idéalement, on peut rêver du dialogue, de l'échange harmonieux, de la fraternité du donner et du recevoir, et œuvrer pour eux. Dans l'affrontement entre groupes humains, la culture n'est qu'un prétexte même quand elle sert d'instrument, d'arme de sauvegarde. Le véritable enjeu, le plus flagrant en tout cas, est le pouvoir.

Le pouvoir se présente comme réalité, dissimulant ses apparences et masquant les illusions de son exercice. Plus sa réalité est mise en doute, plus il s'appesantit et impose un règne aveugle. Il est, par essence, éphémère et ne peut subsister qu'en se prolongeant comme culture et, souvent, par les défroques et les substituts de celle-ci. Un groupe entend se réserver les privilèges de la nature, les accaparer et en éloigner tous ceux qui contestent sa volonté d'ériger cette démarche en droit. Il les combat, les soumet en transformant sa propre culture en emblème, en un ingrédient de ses privilèges. Dominant les vaincus, il affirme une supériorité qui n'est plus contestée. Équilibre fragile qui devient de plus en plus aveugle, mais qui peut durer longtemps.

De par sa nature, la culture ne conduit pas nécessairement à l'harmonie et au dialogue. Si elle comporte les éléments de sa victoire, elle contient aussi ceux de sa défaite. L'élite au pouvoir affirme sa supériorité par la force militaire, le droit de préséance sur un territoire, l'origine ethnique, la couleur de la peau ou l'argent. Pour asseoir son pouvoir et le perpétuer, cette élite fait usage de la culture, privilégiant, selon les besoins, tel ou tel de ses ingrédients. Obtenu grâce à la force brute, le pouvoir fut pendant des siècles l'équivalent de la puissance. La religion légitimait et, parfois, niait le règne des puissants. La loi a servi comme affirmation d'une permanence. Indifférente aux fluctuations de la puissance, ignorant le sentiment et mettant en doute les passions, elle établit des règles auxquelles les détenteurs du pouvoir sont appelés à se soumettre. Il arrive que des puissants se réclament de la loi pour poursuivre leur règne même s'ils usent de la force pour en prolonger la durée. La loi ne peut reconnaître une légitimité que dans la mesure où elle demeure incontestable. Elle peut avoir recours à une transcendance, à un au-delà pour justifier sa propre existence. Les détenteurs du pouvoir, de même que ses contestataires, n'ont alors d'autre liberté que celle de l'interprétation, de l'explication d'une transcendance devenue fondement de la loi et de la légitimité de l'autorité. La voie devient libre alors pour le surgissement d'autres lois, d'autres légitimités qui, se prétendant chacune unique et incontestable, s'affrontent. L'affirmation d'une loi et d'une légitimité s'effectue par l'élimination de toute loi, de toute légitimité compétitive. À moins que la transcendance ne se contente du pouvoir spirituel pour affirmer sa présence et se perpétuer.

Pour le pouvoir, la religion n'est pas une médiation avec l'au-delà ni même une modalité des rapports entre les personnes. Elle est tout simplement utilisée comme instrument.

La langue est une autre composante de la culture. Elle aussi s'impose par une affirmation de l'unique. D'où le souci de pureté, la crainte de la contamination, de la dégradation. Crainte réelle, justifiée dans les faits comme est justifiée la crainte par une religion de la contamination de sa loi, de ce qu'elle nomme sa vérité par une autre loi, une autre vérité. Le mot n'est légitime que s'il est loi et, dans l'expression, la représentation de la chose, vérité, c'est-à-dire adéquation. Dès que le doute s'installe, et avec lui le flou, la langue perd de son efficacité. Le souci de la pureté n'est, en fait, le plus souvent, qu'un souci d'efficacité, car c'est dans cette efficacité qu'existe la possibilité d'affirmation et d'extension d'un pouvoir.

Les langues vivent et meurent à l'ombre du pouvoir dont elles sont l'expression, l'instrument. Au nom de la

protection de la langue, de sa préservation, le pouvoir use de
la force pour prolonger sa présence, la perpétuer et l'étendre.
Il n'existe pas d'histoire innocente. Car l'histoire est
également une composante de la culture. Pour échapper à
l'éphémère, et fonder sa présence dans le temps, la culture a
recours à l'histoire. Elle est garante de continuité, de perpé-
tuité, d'une volonté, du moins d'un espoir de pérennité.
L'histoire, c'est d'abord l'origine, la naissance lointaine,
réelle, surgissement magique, recommencement et reprise
du temps. Événement merveilleux, unique et incontournable. Toute origine s'affirme dans une noblesse qui établit
non seulement une légitimité mais une supériorité, et c'est
dans cette hiérarchie que le pouvoir puise la justification de
la violence pour perpétuer sa présence et l'étendre. Il
n'existe donc pas une histoire innocente car, à la suite de
l'événement premier, primordial, la merveilleuse naissance,
la noblesse de l'origine démontre une supériorité et, par
l'affirmation d'une hiérarchie, justifie l'élimination de toute
autre légitimité. L'histoire apparaît ainsi comme une suite de
violences pour asseoir, perpétuer et étendre un pouvoir.

Quand elle est ainsi utilisée comme instrument du pouvoir, la culture peut devenir, dans ses diverses dimensions,
violente et meurtrière. Cependant, les mêmes éléments peuvent agir comme contrepartie à la violence.

Les détenteurs de pouvoir qui utilisent la culture
comme instrument la considèrent comme une réalité collective. Pour eux, les droits collectifs sont aussi, sinon plus
importants, que les droits individuels. Ce débat avait auparavant opposé le catholicisme, avec ses dogmes et son chef
infaillible, au protestantisme qui insistait sur la primauté de
la conscience individuelle. On peut relever des ressem-
blances dans les différences entre le féodalisme, avec les
privilèges de naissance et de sang, et la société marchande
où l'effort individuel fait oublier l'origine.

Il est évident que, pour être efficace en tant qu'instrument, la culture ne peut être que l'expression d'un peuple, d'une communauté, d'un groupe. Poussée à son extrême aboutissement, cette expression nie tout autre droit que celui d'une collectivité particulière. La liberté est réservée à une classe, un groupe, une race. Toute liberté individuelle, dérangeante, est rapidement condamnée. Elle devient trahison, sabotage, égoïsme, survivance d'une époque révolue, par conséquent antinationale et antirévolutionnaire. Les pouvoirs en place définissent alors la culture et font de l'artiste un ingénieur de l'esprit, un propagandiste de l'État.

À l'autre extrême, en réclamant une totale liberté, l'artiste considère, pour sa part, qu'il n'existe qu'une culture, et la notion d'une multiplicité culturelle lui apparaît comme une aberration, une négation de la liberté et le ravalement de la culture à une fonction, à un instrument du pouvoir. Tous les mots qui habillent cette réalité ne seraient, pour lui, qu'un trompe-l'œil.

Il existe des personnes qui cherchent, dans une voie de modération, à concilier l'individuel et le collectif. Il arrive alors que l'artiste, personne libre, tenant des droits individuels, adhère volontairement à la collectivité. Il reconnaît son rôle social quand il s'adresse à une collectivité et lui communique son œuvre. Il n'est pas un instrument du pouvoir puisqu'il en est une dimension. Il participe à la vie de la collectivité. Il est ce qu'on avait pris l'habitude de nommer un artiste engagé. Attitude malaisée et, à tout prendre, ambiguë. Les tenants de la liberté collective ne voient d'autre choix pour l'artiste que l'adhésion au groupe, à défaut de quoi il serait qualifié d'adepte de la tour d'ivoire, de l'auto-isolement. Quant à l'artiste, il affirme que son adhésion ne peut qu'être libre. La difficulté surgit quand il exprime son désaccord avec le groupe et refuse de suivre ses mots d'ordre. Ce genre de débats a fait long feu. Il importe de les rappeler car ils peuvent resurgir sous d'autres défroques.

À la suite de la nuit suicidaire que fut le nazisme, on a tenté de réhabiliter la liberté de la culture et de la soustraire aux impératifs des idéologies. Débat vite politisé à l'extrême et par conséquent escamoté. L'instrumentalisation de la culture aboutit forcément, à un moment donné, au règne autoritaire de l'État et, au bout du compte, au totalitarisme. Depuis le développement des technologies médiatiques, l'impératif utilitaire a fait surface. L'instrumentalisation n'est plus celle de l'État mais d'une autorité non moins puissante, fût-elle occulte : la société marchande. Cette société fait taire la voix individuelle, la remplaçant par une voix anonyme que réclamerait une masse gavée de divertissement et domestiquée à l'oubli, à la mort de la conscience. Pour échapper à l'emprise de ces technologies, les détenteurs du pouvoir, tout en cherchant à les exploiter, proposent un retour à l'essentiel, à l'origine, au durable, au permanent : religion, langue et histoire. On est dès lors déterminé par une religion même quand on ne la pratique pas et qu'on n'a aucune tentation de le faire, par une langue même quand on ne la parle plus, et par une histoire même quand on n'en a qu'une vision superficielle.

Comme expression individuelle, la culture renaît de ses cendres. La religion peut apparaître alors comme liberté, car elle est rapport avec l'autre et expression d'une transcendance. Elle est une quête perpétuelle du sens et admet une quête parallèle même différente, car le tolérant se pose comme détenteur d'une vérité, d'une maîtrise qui tolère l'existence des autres prétentions à la vérité. Il ne cherche pas l'élimination de l'adversaire. Ce qui importe, c'est le respect de l'autre, la reconnaissance de sa dignité et de ce qui peut sembler être ses erreurs. Dans son expression collective, la religion serait alors la disponibilité à l'autre, dans le visage duquel s'inscrit l'amour et où l'on décèle une probabilité de sens.

Pour une personne libre, la langue n'est pas une possession, mais un moyen d'aller vers l'autre, de lui lancer un appel, d'être à son écoute, fût-ce dans l'attente et l'espoir de son écoute. Ce que je dis dans ma langue part d'un même besoin et d'une même générosité que ce que dit l'autre dans sa propre langue. Les langues ne protégeraient donc leur cohérence que pour rester des instruments précis et efficaces, que pour exprimer une version d'un langage universel qui existerait, dans les langues, à l'état de fragments. Dans ce sens, la traduction est un acte exemplaire de civilisation. Une langue qui se ferme meurt d'inanition, mais si elle s'ouvre à tous vents, elle risque de se dissiper, de perdre sa capacité de transmettre sinon un sens, du moins une quête de sens.

Quant à l'histoire, il faut en accepter les points noirs, les épisodes sanglants, les moments de cruauté. Victimes ou bourreaux, il importe d'accepter les douleurs du passé comme ses bonheurs.

La culture est devenue un mot passe-partout dont l'imprécision est telle qu'il peut servir de justification à des violences. On peut se demander si le mot n'est pas si usé que toute définition est inadéquate. Finalement, ce qui demeure, c'est l'usage qu'on en fait. Si l'abus se poursuit, la culture rejoindra la notion de race qui dénote une atteinte à la liberté et à la dignité de l'homme. Ce moment n'est pas venu, et la culture reste capable de sauvegarder la dignité des hommes et de servir de pont entre les groupes.

On a trop vite déclaré la mort des idéologies, alors qu'on remplace tout simplement les idéologies politiques – elles-mêmes avatars de la philosophie des Lumières – par des idéologies religieuses. Surannées, elles conservent leur force de frappe car, à la simplicité de leurs dogmes, elles ajoutent un recours à l'imprécis, au mystère qu'elles nomment,

parfois abusivement, transcendance ou tout simplement parole de Dieu.

Il est ardu, le chemin de réhabilitation de la religion.
Difficile, en fait, de la dissocier de l'idéologie politique. Les
préceptes de tous les monothéismes et des religions en général sont obscurcis par l'exploitation idéologique qu'on en
fait. Les médias, à leur tour, ont récupéré ce qui, dans la
religion, est une expression de l'anonymat. Voici une collectivité amorphe que, l'espace d'une séance, les slogans et les
bruits tonitruants rassemblent avant de l'entraîner dans des
organismes marchands qui lui insufflent la liberté des
esclaves. Ainsi, le règne du commerce donne la main à la
violence politique.

Il va falloir remettre en avant le principe de la séparation
de la religion et de l'État, même si cela peut mettre en
question certaines dimensions de la religion, notamment
dans le judaïsme et dans l'islam. Il importe que tous les
croyants et les incroyants puissent se retrouver sous le toit
d'une même cité et jouir d'une même liberté et d'une justice
identique.

On a sacralisé la langue en faisant d'elle une dimension
de l'être. Il faudrait peut-être revenir à la notion simple de la
langue comme vecteur. Dans une cité libre, elle permet aux
personnes de mener une vie individuelle et une existence
commune. Pour que la société puisse fonctionner, il est
nécessaire qu'une langue commune existe, même si toutes
les langues doivent avoir droit à l'épanouissement. On doit
respecter la différence sans oublier cependant ce qui réunit,
ce qui est commun. Il importe que les citoyens d'une ville
puissent se parler. L'instrument de communication ne peut
alors se prévaloir ni d'une hiérarchie spirituelle ni d'une
prise de position idéologique.

L'histoire implique une persistance qui inspire et dicte
l'attachement d'un peuple aux vocables qui l'expriment et

conduit à la reconnaissance d'une langue commune, d'un vecteur, d'un instrument de communication et de cohésion sociale, langue qui ne nie d'aucune manière les mots de l'intimité et les paroles du cœur. Pendant des siècles, l'histoire a régné en Occident comme une manifestation de la Providence. L'idéologie marxiste n'a fait que prolonger cette attitude en la qualifiant de déterminisme, en la dépouillant de l'assise et de l'appui spirituels. Or, tout déterminisme indique une voie tracée et un aboutissement : apocalypse, résurrection des morts et parousie, ère de justice et d'égalité. Et pourtant la majorité des hommes continuent à naître et à mourir et à n'être pas heureux. Le rapport avec le temps n'en demeure pas moins un besoin. On peut attendre le Messie, annoncer sa venue prochaine ou son retour. Des sectes, des églises nouvelles et anciennes exploitent ce besoin. Mais ce fil trop usé, à force d'être tendu, s'est brisé. L'on se retrouve seul et démuni avec le clan et la tribu.

Le temps du retour à l'histoire comme mémoire est venu. Ce que le groupe lègue comme héritage est repris par une personne qui l'intègre comme mémoire, et c'est à travers cette mémoire, librement interprétée et consentie, qu'elle rejoint un groupe, une communauté, un peuple. L'histoire devient alors une mémoire commune qui sert de lien dans la liberté.

Culture : alibi ou liberté ?

Le droit à la pratique d'une culture, à sa préservation et à son épanouissement est devenu la principale revendication des peuples et des groupes qui sentent se desserrer la domination des États et des idéologies. Des traditions oubliées, oblitérées, quasi effacées par des pouvoirs politiques ou par des groupes majoritaires remontent à la surface. Les cultures sont devenues le principal enjeu sur tous les continents où les conflits surgissent et font rage sans distinction de leur état de développement. Mot d'ordre, oriflamme, la culture est un appel et une aspiration à la liberté mais aussi un alibi, un prétexte pour régler des irrédentismes, des haines, un outil de vengeance ou de revanche. Il n'en demeure pas moins qu'elle recouvre des réalités précises, délimitées par l'histoire et l'espace : langue, religion et territoire.

Dans les civilisations grecque, hébraïque, arabe et jusqu'à la Renaissance en Europe, l'homme cultivé était à la fois médecin, savant, philosophe, théologien et linguiste. La frontière entre les formes du savoir s'effaçait devant la primauté de la connaissance. Ainsi, Maimonide était un *hakim*, un sage, un médecin, un philosophe, un commentateur des textes sacrés et un chef de sa communauté. Omar Khayyàm était un homme de science, un philosophe et un poète. Les exemples de cette universalité de la connaissance étaient si nombreux que c'est le savoir spécialisé, qui faisait exception.

En Europe, la Renaissance a donné ses lettres patentes à l'universalité du savoir. L'homme de la Renaissance, volontairement, traversait les frontières, les transcendait. Ainsi, ce qui semblait jusque-là aller de soi était devenu un phénomène conscient, observable.

Pour l'Occident, l'exploration scientifique de l'univers est devenue une exploitation du monde. Se servant d'idéologies successives pour fournir justification et prétexte à la conquête territoriale, il a souvent su, à l'usage de ses populations, recouvrir d'habits nobles ou tout simplement acceptables une évidente volonté de domination. Depuis, il n'a jamais cessé d'être aux prises avec les guerres de religion et les conflits territoriaux. De l'évangélisation des païens à la proclamation des droits de l'homme, de l'expansion de l'idéologie du progrès à celle de la conquête des moyens de production par le prolétariat, la volonté de domination a emprunté aux rêves et aux aspirations des peuples défavorisés les vocables efficaces dont le sens était détourné. Avec le fascisme, puis le nazisme, cette volonté de domination s'est présentée sans masque. Se prétendant supérieurs, des peuples se sont donné le droit d'assujettir d'autres peuples et d'anéantir des groupes, des cultures et des civilisations. On a atteint le bord du précipice quand cette volonté de domination s'est nourrie de la fascination de la mort, qu'elle est devenue une volonté suicidaire. *la mort*

La Deuxième Guerre mondiale a sonné le glas de la foi dans le progrès. Sous le fracas des bombes, à l'intérieur des barbelés des camps de concentration se sont révélées la vanité et l'inefficacité de catéchismes qui avaient déjà perdu leur crédibilité.

Avec les nouvelles technologies de transmission et de transport, les frontières ont perdu leur réalité et, pour se perpétuer, ont dû mettre au point de nouvelles définitions et de nouvelles modalités. Jamais les peuples n'ont été aussi

proches les uns des autres. À mesure que les frontières de
l'étranger et de l'inconnu reculaient, le monde se transformait
en un ensemble de territoires familiers mais aussi d'exo-
tismes accessibles. La mondialisation des économies allait
de pair avec celle des cultures. De plus en plus nombreux,
des groupes ne se contentaient plus d'assister à des
spectacles réservés autrefois aux habitants d'un village ni de
voir des films provenant de pays lointains, films qu'on ne
rêvait même pas de produire voici trente ou quarante ans.
Nous avons l'impression que le monde, dans son immense
diversité, est à notre portée, et qu'alliés à la révolution des
techniques de communication, les savoirs sont désormais
mondialisés.

On s'est toutefois vite rendu compte de la part de rêves
et d'illusions que recouvraient de telles constatations, et on a
découvert la distance qui sépare savoir et connaissance.
D'autres réalités ont fait surface. La transmission des faits, la
communication des événements peuvent, au mieux, rendre
accessibles des savoirs. Il ne s'ensuit pas nécessairement
l'éclosion d'une connaissance ni une volonté d'échange.

Maimonide, Galilée ou Copernic pouvaient prétendre
connaître le monde. Restreint, il était accessible. Il est évident qu'aujourd'hui personne ne peut prétendre connaître le
monde du simple fait que la technologie de communication
l'a rendu accessible. Paradoxalement, le foisonnement de
l'information nous éloigne de la connaissance. Tout au plus
met-elle à notre disposition des faits et des savoirs. La découverte la plus pénible, la plus désespérante aussi fut que le
savoir ne conduit pas à l'acceptation de l'autre, à l'échange
et encore moins à l'entente.

On peut s'appliquer à étudier une culture, à accumuler
de l'information sur une civilisation et s'apercevoir qu'on ne
désire nullement dépasser le stade du savoir et que, paradoxalement, l'échange peut revêtir l'aspect d'une menace.

Guidés par une volonté d'auto-préservation, nous finissons par opposer refus et rejet à ces cultures et à ces civilisations. Nous exprimons alors le sentiment que telle culture, telle civilisation, menace la nôtre par sa volonté de conquête et de domination, par sa prétention à être supérieure ou par son caractère délétère.

Le chemin qui conduit de l'information au savoir n'est point celui qui conduit à la connaissance et à l'échange. Cette voie s'arrête souvent à l'information, et l'accumulation de celle-ci provoque une saturation qui se dresse, tel un bloc, amenuisant la curiosité, nous plongeant dans la confusion, nous faisant sentir notre ignorance qui n'est, en fait, qu'un manque de savoir, nous conduisant à la colère, au désarroi et, souvent, finalement, à l'indifférence.

Les malheurs se succèdent dans le monde. L'information directe, instantanée indigne. L'opinion publique concrétise la demande, de la population aux gouvernements, d'une action qui allégerait les souffrances et, surtout, apaiserait les mauvaises consciences. On se rend compte aussi que l'information, quand elle n'émane pas de sources multiples, peut être manipulée et orientée.

On savait que la vie politique s'était modifiée de l'intérieur depuis que l'image avait dominé et infléchi le choix des électeurs. Cette influence s'est étendue au plan international. Une poignée de mains entre Rabin et Arafat transforme l'image, jadis satanique dans l'opinion publique de leurs peuples, en image, sinon d'amitié, du moins d'arrêt de belligérance. Et le terroriste d'hier se présente en homme d'État. Il lui restera bien sûr à concrétiser la réalité de l'image dans l'exercice du pouvoir.

Il est bien connu que l'une des règles de l'information est de présenter l'événement dans sa nudité. Et l'événement présenté est rarement heureux. Catastrophes, accidents, conflits et guerres. Les millions de voyageurs qui partent à l'heure et qui arrivent à bon port ne présentent aucun intérêt médiatique. On ne peut parler que de ceux qui subissent des accidents, qui souffrent de retards en raison de grèves ou de catastrophes naturelles. Ainsi, l'image que nous avons du monde est tragique, violente. Pour contrer cette violence, la télévision, paradoxalement, l'introduit dans ses feuilletons et ses films. Par sa théâtralisation, croit-on, la violence serait dédramatisée et la pesanteur de la nouvelle, allégée. Or cette dédramatisation de l'événement par sa théâtralisation a, pour effet secondaire, la banalisation. Confus, incompréhensible et, à force d'images successives, sans suite et sans signification apparente, le réel devient abstrait. On ne contrôle plus l'environnement immédiat de l'événement. Seul et solitaire, le spectateur se trouve face à un réel absurde.

Le monde de la technologie a, de plus, bouleversé les rapports sociaux. Les aînés, tels des migrants dans une réalité qu'ils n'ont pas bâtie, qui leur échappe, ne peuvent transmettre des savoirs devenus obsolètes sous la poussée des générations. Détrônés, réduits à l'inutilité dans un environnement en constant changement, leur expérience est inopérante et leur connaissance, qui ne peut se traduire en savoir ou en information, n'est plus transmissible.

La difficulté d'affronter le réel, de le vivre, incite par ailleurs les jeunes à lui échapper. Il y a un siècle, ils pouvaient trouver l'évasion dans un réel prédominant : les guerres de conquête et, dans les pays dominés, les luttes pour s'affranchir. Des utopies, des messianismes agissaient et donnaient aux États des prétextes, des raisons d'être et des alibis. Maintenant que les idéologies d'hier sont déboulonnées, la panacée, tant pour les gavés que pour les misérables, est toute trouvée : la drogue. Évasion mais aussi plaisir. Immédiateté et efficacité. On a beau se battre contre ce fléau, on ne réussit qu'à proposer des palliatifs. Il s'agit désormais d'une composante universelle du rapport de l'individu avec le réel. Le problème de la drogue est, de toute évidence, essentiellement celui du besoin, de la demande. L'offre s'organise en pouvoir parallèle et influe, à son tour, sur le réel. Il est vrai que l'histoire humaine abonde en absurdités. Comme pour la technologie et l'économie, la drogue, dans sa consommation et sa distribution, est mondialisée.

Chaque génération est désormais appelée à établir ses propres règles de conduite. La connaissance étant reléguée à l'arrière-plan, à l'inefficacité et, au mieux, à une aspiration lointaine, la confusion règne et la recherche de remèdes, d'issues se réduit, le plus souvent, à des voies d'évasion et à des palliatifs.

Les religions ont reculé dans leurs manifestations institutionnelles traditionnelles. Elles n'en sont pas moins recherchées et, sous des moutures apparemment nouvelles, elles occupent la place de leurs anciens avatars idéologiques. Les sectes foisonnent et des manipulateurs, utilisant les nouvelles technologies et les moyens de pression des factions politiques, transforment leurs sectes en outils d'illusion et en instruments d'escroquerie. Les rescapés de la drogue et ceux qui en ont subi la tentation sont les proies les plus faciles de ces manipulateurs rompus aux techniques de la publicité et de la mise en marché. Les causes abondent et les magnats de la manipulation savent les exploiter pour satisfaire leur appétit de pouvoir et d'argent. Rien ne les arrête sinon, de temps en temps, des scandales trop manifestes. Les moyens de dénonciation de l'escroquerie existent dans les démocraties des pays développés. Ces chevaliers d'industrie savent, malgré cela, comment durer et utilisent à leur avantage les lois censées les contrôler.

Dans les pays occidentaux, les opinions excessives ont droit de cité, en dépit de ce qu'elles recèlent de contradictions, de confusions et de mensonges. Tant que les sectes ne disposent pas d'hommes de main armés prêts à risquer leur

vie en échange de privilèges, elles survivent dans la marginalité. Nuisances dangereuses pour certains individus, elles
constituent néanmoins des soupapes de sûreté pour une
société qui a perdu sa route.

Dans cette société, les âmes fragiles se déclarent atteintes
d'un mal que peuvent guérir les docteurs de l'inconscient.
La psychanalyse est l'une des grandes conquêtes de l'esprit
contemporain. Des hommes et des femmes qu'on aurait
autrefois enfermés circulent librement grâce à des traite-
ments et, même quand ils ne guérissent pas, peuvent vivre
avec leur mal.

Cette pratique favorise l'émergence de manipulateurs
dont certains, par un autre biais, rejoignent les promoteurs
des sectes. Une théâtralité s'installe qui déclare patholo-
giques des malaises, des souffrances et des malheurs qui ne
relèvent point d'un mal, encore moins d'une maladie. Heureusement, tant qu'il s'agit d'une société ouverte, toutes les
opinions sont mises à l'épreuve de la contradiction et de la
contestation. Ainsi, certains contrôles subsistent et agissent.

La Russie soviétique a bâti son empire sur l'idéologie
appuyée par une puissance militaire et policière. Elle ne l'a
pas constitué en puissance économique, et c'est l'économie
et son administration qui l'ont conduite à la dégradation.
Avant de s'effondrer, l'empire s'était vidé de l'intérieur. Si
l'Amérique règne politiquement, c'est grâce à l'empire de
son économie. Or, celle-ci est aujourd'hui minée par les
contraintes militaires et les demandes d'aide que les États-
Unis doivent satisfaire pour maintenir leur pouvoir.

Voici que le Japon impose sa puissance économique et
s'affirme par son pouvoir financier; alors que les États-Unis
s'expriment par l'image, par un modèle de culture de masse.
Celle-ci n'a pas de lien avec une tradition ou une histoire
propres. Elle est née de techniques de diffusion et de production que les États-Unis furent les premiers à mettre en place

et à développer. Et cette culture fait de la langue anglaise un vecteur international de transmission. Le Japon pourrait un jour développer sa puissance militaire et appuyer son économie sur un pouvoir politique. Toutefois, il ne dispose pas des conditions aptes à imposer une culture, encore moins une langue. Ce fut d'ailleurs le cas de la Russie soviétique qui, en dépit de ses efforts, n'a pu imposer ni sa culture ni sa langue. Le Japon n'a d'autre choix que d'investir dans le produit culturel américain et d'importer sur son territoire un modèle de culture de masse devenu universel à l'âge industriel et électronique. Or, de Hollywood à Woodstock, cette culture est sans pesanteur, sans prolongement dans le temps. Elle est spatiale et éphémère. Son rythme de production s'accélère à mesure que la force de l'image et du son s'émousse.

N'ayant pas d'arrière-plan idéologique, cette culture ne débouche nulle part, dans aucun pays, sur la politique. Elle disparaît ou se dégrade dans la drogue et la pornographie.

L'empire soviétique servait de paravent au vide idéologique et politique où s'agitaient l'Orient et l'Occident. La lumière ne vient plus de l'Est, et l'Ouest n'a plus foi en son rayonnement. La voie est donc libre, les portes grandes ouvertes pour le surgissement des bas-fonds de l'histoire, des soubassements des religions et des idéologies, des affirmations qui ne peuvent s'appuyer ni sur une économie ni sur une pensée. L'utopie elle-même a changé de sens. Elle n'est plus une aspiration tournée vers un avenir mais la nostalgie d'un passé, une régression à un âge mythique, le fantasme d'un temps de quiétude et d'harmonie.

De tout temps, la culture a été une aspiration et une réalité, une mémoire et une promesse. Elle est garante d'une poursuite des moments, d'une continuité dans le temps. Mouvement, elle ne fixe pas la mémoire dans une image figée, une aspiration à un impossible arrêt du temps, à une fuite dans un passé imaginaire, fantasmé. En un mot, elle est liberté. Elle l'est aussi bien dans le passé, dans ce qui est mouvement dans une tradition que dans le présent dont les valeurs contribuent à l'édification de l'avenir. En cela, elle est ouverture sur l'autre, sur le monde, sur l'échange et la rencontre. Elle se nourrit de l'information de l'autre, de son savoir et de sa culture.

Aujourd'hui les amarres sont rompues. S'il n'y a plus de port d'attache, il n'y a plus de destinée. Image et son flottent dans l'éphémère. Le monde s'élargit et échappe à toute saisie. La tentation de l'homme qui croit encore à la culture est d'en restreindre le territoire, de l'entourer de limites et de l'enfermer dans la spécialisation. Sagesse et gravité cèdent la place au sérieux qui a les apparences du précis. Il rassure par ses précautions et son immobilité. Le savoir qui ne conduit pas à la connaissance aboutit soit à l'ésotérisme soit, ce qui est pire, à l'information saturée qui se veut objective mais qui, privée de sens critique, est vide... de sens.

Il en résulte un recours à tout ce qui donne, sinon des garanties, du moins des apparences d'authenticité et de substance. On choisit, dans l'histoire, des événements qui confirment des orgueils et des fiertés, qui justifient l'auto-glorification et l'hostilité envers l'autre. La langue reprend sa place comme marque d'appartenance et de fidélité aux ancêtres. L'irrédentisme, la lutte pour la reconquête de territoires perdus trouvent alors des justifications dans la cohésion qu'octroie un parler commun.

C'est surtout la religion qui remplit le vide idéologique et politique. Au nom d'un sacré dont on s'institue les interprètes et les gardiens, au nom d'un Dieu protecteur, on proclame des droits, on lance des appels au meurtre, on réclame le retour à la pureté d'une doctrine et d'un passé mythiques. Des mots oubliés refont surface : croisés, figures sataniques... Au nom de la religion, on fourbit des armes qui

servent de prétextes pour exploiter le désarroi, les espoirs
trahis et l'avenir fermé.

L'ethnie, autant que la couleur de la peau, représente
une manière arbitraire et absurde, injuste et barbare de définir non seulement les différences mais aussi des hiérarchies
et des privilèges. Elle reprend droit de cité.

Des pays qui ont lutté pour leur indépendance et l'ont
obtenue se trouvent dans une misère aussi grande que celle que
leur faisaient subir des dominateurs étrangers, et les potentats
indigènes se révèlent non moins sanguinaires que ceux du
passé colonial. Dans un monde dont les mécanismes étatiques
semblent de plus en plus dépourvus de sens, de nouvelles
alliances voient le jour. Le commerce de la drogue est si
important qu'une infrastructure politique s'est établie pour
gérer d'immenses entreprises de production et de distribution.
Des institutions parallèles aux gouvernements neutralisent
ceux-ci, quand elles ne les contrôlent pas. Tant que la demande
restera aussi importante, l'illégalité, tout en comportant des
risques plus grands, rapportera des bénéfices alléchants.

La technologie de communication produit son propre
mécanisme d'évasion. L'image a court-circuité la voie qui
mène de la parole à l'acte. Cette image puisait son ancrage
dans le réel. Or, depuis que la technologie fabrique son
propre réel, la réalité virtuelle, la frontière entre le réel et le
théâtral s'efface, tend à disparaître. Il s'est même trouvé, en
Espagne, deux jeunes gens qui, dans le cours de leur jeu de
Donjons et Dragons, ont tué un homme sans s'en apercevoir, ni tenir compte de la réalité du meurtre. Il s'agit là,
heureusement, d'un cas extrême et, espérons-le, exceptionnel. Le jeu de la réalité virtuelle offre néanmoins une évasion
parfois aussi efficace que la drogue. À cette différence que
l'accoutumance, en général, n'a pour conséquence qu'une
dépendance par rapport à un jeu, à un plaisir, à une fuite qui
demeurent pacifiques.

La culture est-elle définitivement condamnée à ne servir que d'alibi à la domination et de moyen d'échapper au réel? Conscients du phénomène et de ses multiples implications, des hommes et des femmes cherchent patiemment la voie qui conduit à l'expression d'une véritable liberté. Mais quelle voie? Elle traverse tant d'obstacles qu'on a du mal à en suivre le cours et encore davantage à en assumer la direction.

Les rebelles à l'engrenage de la violence et de l'évasion mènent silencieusement leur quête. Face à la fatalité, à la promesse de mort, ils découvrent des ouvertures dans l'opacité de l'univers. Ils commencent par affirmer que la culture existe et qu'elle est liberté, et qu'au-delà des alibis de la mort, la vie continue dans la nuit et qu'aucune fausse lueur ne domine la noirceur. Vie en veilleuse qui débute par l'affirmation d'un recommencement. Il importe d'abord de découvrir la parole, de redéfinir chaque mot avant de retrouver le sens. Dans la frayeur et la joie, une certitude apparaît : les chemins de la liberté sont la seule contrepartie à la mort et, avant même d'être définis, ces chemins sont traversés par la culture.

Multiplicité de la culture

le multiculturalisme est une étape vers un véritable interculturalisme

Les conflits traversent les frontières et nous assaillent. Leur multiplicité en obscurcit la réalité, et les médias, en en donnant un reflet d'images et de paroles, les neutralisent. Nous vivons à l'échelle du monde par procuration, dans un imaginaire éclaté, engorgé d'images et de mots. De neutre, l'événement devient indistinct puis insignifiant. Le spectateur est figé dans un rôle immobile, impuissant, anonyme. Par un surcroît d'images, il cherche à retrouver une substance, à regagner un réel perdu et ne réussit qu'à se divertir de son angoisse, qu'à taire son interrogation. Il s'assourdit par le bruit, s'aveugle, s'étourdit par les reflets, car les images se confondent, se perdent dans un clignotement qui le tient éveillé. Assommé, il cherche à fuir l'absence et l'oubli qui le guettent et qui le condamneraient à la dissolution dans l'insignifiance et l'anonymat.

Ce que l'homme solitaire a construit pendant des siècles s'effondre. La notion qu'il est un individu doué de volonté, apte à faire des choix et à conquérir la liberté a été dévoyée par des doctrines, des idéologies. Au départ, celles-ci n'étaient que des modalités, des systèmes de fonctionnement pour atteindre la promesse biblique renouvelée siècle après siècle.

La technologie, qui a fait de la misère du monde la pâture puis la distraction du spectateur anonyme, a eu un effet réflexif de renvoi, et les victimes de la misère n'ont plus supporté leur sort, et n'ont plus subi leur destin dans la résignation et le silence. Le refus aveugle s'est transformé en désespoir suicidaire. Il fallait bouger puisque le rêve d'une parousie, d'un progrès, d'un bien-être futur étaient bloqués, se trouvaient dans l'impasse.

Les plus conscients de leur désespoir et les moins résignés ont mis le cap sur l'ailleurs. Partir, aller n'importe où, puisque, sur place, il n'y a plus que la mort. Dans des bateaux de fortune (quel paradoxe!), les miséreux se sont mis à bouger. Filtrés aux frontières des pays nantis, ils viennent remplir les basses besognes dédaignées par les natifs. Ils ont des enfants qui, là où ils se trouvent, vont à l'école. Que deviennent ces travailleurs et ces enfants de travailleurs de force des temps modernes? Pour vivre dans un environnement de mépris, ils cherchent à garder un visage en conservant des rites et des parlers. Ils proclament la persistance des langues, des traditions, des religions et des cultures dans des sociétés étrangères, souvent hostiles, qui ne parvenaient plus à affirmer leur suprématie en étouffant les voix qui s'élevaient en protestation. Armes ou faux-fuyants, des mots surgissent : différence, diversité, multiculturalisme, interculture.

Pendant trois siècles, l'Occident a colonisé des continents. Fort d'une supériorité militaire et économique, il a dominé des sociétés antiques, cherché à modifier leurs cultures et parfois à leur substituer la sienne.

En Amérique du Sud, les prêtres ont accompagné les conquistadors. Des civilisations séculaires ont dû accepter le règne du vainqueur, et si elles ont conservé leurs langues et parfois certaines pratiques religieuses, c'est tout autant par une volonté de persistance qu'en raison de l'incapacité physique et matérielle du vainqueur à les atteindre. Elles étaient coupées de leurs sources et abandonnées à leur sort.

Le rapport entre langue et culture est si fort que l'on a tendance à les confondre. Qu'il s'agisse du Québec ou de la Yougoslavie, de la Suisse ou du Sri Lanka, le débat actuel *langues de puissance*

divise les tenants de la territorialité des langues et ceux de leur universalité non spatiale. Car il s'agit de définir les droits à une terre, les lettres patentes de propriété. Au cours de l'histoire, les envahisseurs imposaient d'abord leur puissance par une présence militaire. Ils s'installaient, imposant leur langue, leur religion et leurs coutumes tout en adoptant celles des peuples conquis et en les marquant de leur sceau. On connaît les langues universelles des envahisseurs, le français, l'anglais, l'espagnol et l'arabe, dont certaines sont devenues des instruments de civilisation avant de se dissoudre dans la décadence et la mémoire historique : le grec, le latin, le français, l'anglais et l'espagnol. Les langues de puissance sont aussi véhiculaires d'une culture qui se transforme par la traduction. L'arabe a transformé le persan et s'est transformé par l'apport des Perses, et les musiques des États-Unis et du Brésil sont d'abord et surtout celles des esclaves noirs d'Afrique.

Par leurs manières respectives d'imposer leurs langues, les envahisseurs européens exprimaient leur rapport avec leur propre civilisation, leur conception d'eux-mêmes, de leur être.

Les Espagnols étaient des conquérants. Ils assénaient par la lame du couteau leur langue inquisitoriale, instrument de domination d'un territoire qui se voulait voué à Dieu. Les Français transmettaient un universalisme qui, tout en reconnaissant les droits de l'homme et du citoyen, pesait, tel un rouleau compresseur éliminant sur son passage les différences, aplatissant les obstacles. Les Anglais se voyaient comme une élite régnant au nom d'une supériorité, tellement assurée de son droit qu'elle pouvait demeurer implicite.

Aujourd'hui la langue n'est plus transmise par une armée d'occupation. La technologie, l'ordinateur et les médias délimitent le territoire de l'anglais qui n'est plus défini par son caractère spatial. Il se situe partout et nulle part.

Depuis la Révolution, le français, niant sa territorialité, a cherché à définir son espace de langue universelle par une réconciliation du village global et de la francophonie.

Sans imposer leur langue, les Russes avaient construit un idiome idéologique interchangeable, arme inquisitoriale sans ouverture vers un au-delà qui finit par se dissoudre dans la redondance et l'insignifiance. En raison de l'idéologie dont elle se voulait le vecteur, la langue russe est demeurée territoriale.

Le village global confine au territoire et s'ouvre sur l'universel. Or, ni l'un ni l'autre n'étant défini, l'angoisse de l'indéfini étreint des sociétés qui s'éveillent à la conscience et, du coup, se trouvent dépouillées de ce qui les constitue. Reprendre en main le territoire, l'investir avant de le dépasser a abouti à un appel au retour qui, dans certains cas, notamment celui de Khomeiny, a représenté une régression. L'angoisse d'un réel évanoui s'accroît et l'image multiple et omniprésente ne fait que l'accentuer. D'où la remontée aveugle, confuse, désordonnée de la pulsion d'un réel concret, au ras de sol, d'un rapport tribal avec l'autre, d'une définition incontournable de la langue première et du rite initial.

La langue est promue comme définition de l'identité. Parole, oui, mais aussi territoire et corps de l'être. Les mots deviennent le tissu d'une substance, d'une tradition. Ils témoignent du temps et le poursuivent. Espace et temps, les vocables prononcés sont transformés en absolu, ultime recours et ultime sauvegarde au-delà desquels on tombe dans le non-être, l'oubli et le néant. Que disent ces vocables? Qu'importe. Ils disent leur existence et ainsi attestent d'une permanence. Le corps subsiste par sa forme, et sa survivance est la condition de l'existence d'une substance. La quête du sens est dépassée ou prématurée. Elle est là, implicite, même si elle a l'apparence d'une redondance. Mais face à l'image, le réel résiste, aveugle et sauvage. On revient au point de départ, au temps de l'initial. Le temps est clos et l'on dresse les frontières du territoire, le retour au temps immobile. Il n'y a pas de progrès, et la voie de l'avant conduit à la destruction et à la mort.

Les groupes se déplacent et s'agglomèrent dans les banlieues des métropoles de l'Occident pour se retrouver. Et le vocable éclate. Il est intransmissible, y compris aux enfants de la tribu qui ne seront plus les gardiens des temps révolus. Coupés d'un passé qui éclate sous le poids de son abstraction, ces enfants se trouvent devant des groupes qui ne veulent pas d'eux. Les seuls vocables qu'ils peuvent prononcer ne sont pas les leurs. Vont-ils se dissoudre pour renaître et se retrouver? L'appel de l'immobilité aveugle acquiert les accents de l'acharnement forcené du désespoir. Les vocables anciens n'opèrent plus et ceux qui les environnent les aliènent puisqu'ils ne sont pas ceux de l'appartenance. Ils hurlent une absence qu'ils refusent et à laquelle ils résistent.

Sur le territoire même, toute autorité extérieure apparaît comme négation de l'être, de cette immobilité garante d'un imaginaire, d'une substance, d'une identité perdue. L'équivalence entre langue et territoire devient le rempart contre la disparition dans l'absence et l'oubli.

Les langues universelles poursuivent leur marche. Le cercle qui enferme le sens dans un vocable devient infernal. Les cultures sont liées aux langues et aux rites dans lesquels elles sont nées. Elles ne demeurent vivantes que si elles transforment ces langues. Il est aussi possible de dire une culture dans une langue autre qui n'est pas d'emprunt ou de substitution. La culture est mouvement, donc incertitude. Il faut déployer une grande énergie pour exprimer un sens dans une langue inventée, fût-ce celle de l'autre. Apprivoiser une langue autre n'est pas une trahison envers celle de l'origine,

Langues et territorialité

mais une fidélité à la culture qui l'a animée, qui l'a inscrite dans le temps. Mais où est le territoire ? Si l'anglais, le français et l'espagnol préservent des cultures d'empire, ils vivent néanmoins de la présence des cultures étrangères qui les investissent et les modifient. Alors que la technologie les neutralise et les aplatit, des cultures enfouies dans des mémoires antiques nient leurs archaïsmes et empruntent les vocables qui véhiculent la modernité.

Territorialité et universalisme ne s'affrontent plus. Les États-Unis n'ont pas eu besoin d'envoyer des armées en Chine pour que l'anglais soit la deuxième langue du pays, et la France n'oblige pas les pays du Maghreb à parler français pour qu'en dépit des efforts en vue d'instituer l'arabe comme langue officielle le français continue à être une langue culturelle de ces pays.

Les nouvelles technologies ne servent plus uniquement les langues universelles véhiculaires. Des langues inconnues à l'extérieur d'un territoire empruntent les médias pour traverser des frontières autrefois étanches. On se met à l'écoute des cinémas africains, asiatiques et sud-américains. Nous sommes en présence de deux mouvements qui ne coïncident pas et qui remettent en question les notions de langues nationales et de territoires linguistiques. Tant qu'une langue ne franchit des frontières protectrices, ses porteurs ne se posent pas de questions sur sa vitalité et sa survie. Mais dès que cette langue voit son territoire disputé par celles des voisins, alors qu'en même temps des langues universelles véhiculaires mettent en question sa pertinence en dehors de ses frontières, les boucliers font leur apparition. Ses tenants se croient en voie de disparaître et le terrain perdu est le territoire du pouvoir. Arbitre de la langue, garant des frontières, l'État se débat, impuissant, pour affirmer un pouvoir inopérant.

pour qu'une culture (sur) vive...

De nouvelles modalités de rapports entre cultures font leur apparition. Or, pour établir un échange, pour dialoguer, il faut d'abord exister et avoir un minimum de certitude de survie. Celle-ci peut sembler liée à un territoire et à une autorité politique qui en a la charge. L'affrontement éclate quand deux langues, deux cultures, deux religions partagent le même territoire. La minorité, quand elle ne reconnaît plus l'autorité de la majorité, se sent brimée, s'insurge, et peut aller jusqu'à réclamer un nouveau découpage du territoire.

Le village global médiatique crée l'illusion qu'une langue, qu'une culture survivent si elles disposent d'un territoire délimité. Or, ces médias nient, en l'éliminant, l'étanchéité des frontières. On peut proclamer sa foi dans les cultures minoritaires et affirmer qu'il n'y a de vertu que dans le petit nombre. Or, et l'histoire l'a montré, les cultures minoritaires disparaissent si elles ne possèdent pas la vitalité et le dynamisme qui leur permettent d'établir des liens avec les groupes qui les entourent, tout en refusant de se laisser absorber.

Au point de départ, le rapport d'une culture avec une autre prend la figure d'une menace. À première vue, une culture survit dans son intégralité en se défendant contre toute menace extérieure, tout contact avec l'hétérogène. À long terme, cette culture étouffe dans la prison qu'elle s'est forgée. La préservation à tout prix de l'authenticité aboutit à l'anorexie, à l'inanition. Le défi de l'autre, du monde extérieur, nourrit, permet de forger des armes de défense et de doter la culture d'un dynamisme qui rend possible non seulement la résistance mais aussi le renouvellement.

La technologie de communication promet le progrès mais provoque d'abord le désordre. On peut toujours regarder un spectacle de télévision en rejetant, comme l'expression d'une mentalité étrangère, donc irréelle et lointaine, les mœurs qu'il met en scène. Or, par sa multiplicité, le spectacle crée sa propre réalité, fût-elle imaginaire, qui rend insupportable la réalité sociale séculaire; des élites prennent conscience que si elles l'ont subie, elles n'ont plus à le faire. C'est le voisin le plus immédiat qui apparaît comme l'ennemi, mais le véritable responsable, le vrai coupable, c'est l'Occident et surtout une Amérique à la fois mythique, rêvée et honnie. Le voisin immédiat est alors accusé d'être l'allié, sinon à la solde de l'ennemi mythique. Plus cet ennemi lointain, inaccessible apparaît menaçant, plus le recours à la tradition, à la préservation de la pureté se vivifie. C'est alors la régression vers le tribalisme et la remontée à la surface de conflits et de haines que l'on pensait oubliés et qui, en fait, n'étaient qu'en sommeil. Pris dans un tiraillement désespéré entre un passé irréel et un avenir bloqué, des groupes culturels et linguistiques cherchent vainement un abri et, dans un sursaut suicidaire, s'insurgent contre un présent fermé.

Dans les banlieues des métropoles occidentales, des minorités culturelles s'interrogent sur leur statut et sur leur destin. La première distinction qui s'impose consiste à distinguer l'immigration de peuplement de l'immigration de domination. Les Britanniques ont peuplé l'Amérique du Nord (les États-Unis et le Canada), l'Australie, la Nouvelle-Zélande, l'Afrique du Sud. Deux choix se sont présentés aux ressortissants de ces pays : les États-Unis se sont révoltés contre la mère-patrie et ont coupé le cordon ombilical; le Canada, par contre, a choisi le prolongement de l'Empire. L'attitude des deux pays envers les groupes d'immigrants est marquée par leur choix initial envers le pays d'origine. Les États-Unis ont opté pour le melting-pot, le creuset, l'élaboration d'une volonté puis d'une culture nationale par des groupes hétérogènes qui, oubliant leur passé et leur misère, accostent sur la terre de la liberté. Cette volonté, ce rêve ont été malmenés et souvent contredits par le réel. Aujourd'hui des groupes culturels et linguistiques réécrivent l'histoire et récusent la version admise. Il n'y a pas eu découverte de l'Amérique mais envahissement. Les Noirs n'étaient pas des esclaves, mais des Africains déplacés. Ainsi, les États-Unis seraient en fait un pays multiculturel. D'autres langues, notamment l'espagnol, devraient y avoir un statut officiel. Au Canada, le multiculturalisme, proclamé politique officielle, est remis en question. En Australie, le peuplement fut entaché par l'envoi des bagnards et, en Afrique du Sud, il s'est heurté à un autre groupe européen, les Hollandais.

La France n'a pas eu une véritable colonisation de peuplement. Elle a reconnu comme Français, dans les territoires conquis, des groupes religieux et ethniques. La défaite de l'Algérie française a mis fin à une idée généreuse de l'identité, du moins dans sa conception. À l'intérieur de ses frontières, la France a vécu l'idée de l'universalité de sa culture. La Déclaration des droits de l'homme a transformé l'idée en aspiration et en volonté, sinon en réalité politique. Aussi le français communiquait-il une culture, exprimait-il un pouvoir mais, et ce fut sa force, il transmettait un message. Loin de contredire la culture, ce message en était l'illustration. Grâce à ce phénomène, la francophonie demeure et peut encore davantage devenir une réalité culturelle et politique.

L'affirmation des universalismes culturels devient pressante. Des pulsions peuvent se transformer en expression d'une tradition, d'une histoire, en un mot, d'une dignité, si le lien avec l'autre est fondé sur un universalisme égalitaire, dans la liberté. Cela interdirait les jeux de en vue de soumettre ce lien à des volontés de contrôle et de domination.

Qu'est-ce que l'universalisme? Tant qu'existait une conjonction entre puissance politique et expansion culturelle, la question ne se posait pas. Deux phénomènes mettent aujourd'hui en question cet ordre établi : la technologie et la généralisation des mouvements migratoires à travers le monde. Ce dernier phénomène n'est pas, à proprement parler, nouveau. Les villes nord-américaines sont découpées en quartiers ethniques et religieux. Auparavant, les groupes qui y habitaient se contentaient d'obtenir la liberté de mener une vie collective tout en participant à la vie de la nation. Aujourd'hui, les groupes minoritaires ne considèrent pas leur liberté d'expression collective comme un privilège mais comme un droit. Certains de leurs membres vont plus loin. Ils nient leur condition de minoritaires et font état de leurs liens avec un foyer culturel dans une terre d'origine ainsi qu'avec tous ceux qui parlent leur langue et qui sont dispersés de par le monde. Il existe désormais des internationales de Kurdes, de Cambodgiens et d'Iraniens. Cette logique mène à une autre étape : la négation de l'entité de la nation qui leur donne refuge et les abrite. On commence par les plus fragiles. Ainsi le Canada n'existerait qu'en tant que conglomérat de groupes venus à des époques différentes et dont l'origine n'accorde pas de privilèges, fût-ce celui de la préséance. Le cas du Canada n'est pas typique, car il s'agit d'un territoire de peuplement colonial, fondé sur la reconnaissance de deux cultures et de deux langues, sans parler de celles des autochtones. D'autres pays voient leurs mythes fondateurs et la vision de leur histoire mis en question : les États-Unis qui sont en passe de joindre les rangs des pays multiculturels, puis l'Australie, déjà la Grande-Bretagne et demain la France, l'Espagne et l'Allemagne.

La crise frappe divers États. Des pays multinationaux deviennent ingouvernables, sont plongés dans des guerres civiles, déclarées ou non. La question se pose avec une urgence quasi désespérée. Qu'est-ce que le multiculturalisme ? S'il s'agit du droit à la différence, ce serait un moyen efficace de préserver la richesse de la diversité humaine. S'il est question par contre de la parcellisation du pouvoir, afin qu'au nom de la culture et de la langue des groupes puissent régner, on s'achemine vers un monde d'instabilité, d'anarchie et de violence. Cela ressemble étrangement à la quadrature du cercle : préserver la liberté et la diversité dans un monde d'échanges et d'harmonie. L'appel à la liberté semble souvent aboutir à la violence.

Désormais aucune culture, fût-elle universelle, ne se suffit à elle-même. Par contre, l'absence d'une culture propre, autonome, aboutit à une absence au monde. On ne peut vivre aujourd'hui que des cultures double, triple, multiple. La propension d'une culture qui se considère comme nationale est de réclamer une autorité politique. Or, la technologie, qui permet la multiplicité sur le plan de l'expression, rend celle-ci impraticable sur le plan politique. La tendance est aux regroupements, aux grands ensembles.

Les pays qui imposaient un rapport de voisinage, de partage de pouvoir entre groupes divers, ont perdu leur puissance de médiation, ou leur puissance tout court. D'où la demande de pouvoir de groupes qui acceptaient leur condition minoritaire. L'équivalence entre État et culture n'est pas un remède. Ce qu'elle dispense en apparente liberté d'expression se traduit par un rétrécissement du pouvoir et par l'isolement. Un gouvernement ne peut fonctionner comme arbitre entre groupes que s'il dispose d'une autorité reconnue par tous les citoyens et d'une langue véhiculaire commune. Une telle langue n'interdit nullement la présence de langues et de cultures régionales autonomes. L'État peut concilier les impératifs des grands ensembles et le besoin d'expression d'une diversité de groupes, à condition qu'il dispose d'un instrument de communication et de structures qui lui permettent de se tenir à distance des régions tout en leur assurant une liberté d'épanouissement.

Le multiculturalisme ne peut représenter qu'une étape : la reconnaissance de l'existence de deux niveaux de cultures et de langues. Un pays ne peut être un simple ensemble de groupes s'il n'est pas d'abord une entité historique reconnue par cet ensemble. Les cultures sont désormais multiples et un pays n'est pas un simple lieu de cohabitation des groupes. Il constitue un environnement qui permet la rencontre et l'échange, c'est-à-dire l'interculturalisme. Aucune culture ne peut survivre dans la pureté de son isolement. L'authenticité ne peut se déployer que dans le mouvement, et celui-ci est apport et métamorphose.

- aucune culture ne peut
exister dans son isolement
- un pays est plus qu'un
simple lieu de cohabitation
de groupes)
- il faut bien la rencontre et
l'échange (= interculturalisme)
pour que une/des cultures
survivent -
- mais cette interaction
va transformer...

La culture ne vit que dans le
mouvement.

La différence : isolement ou participation

Je suis à Salvador de Bahia. Grâce à l'écrivain Jorge Amado, j'assiste à une *macumba*. Un temple avec des statues de la Vierge, de saint Georges. Une musique monotone. Le rythme originel de la *samba*. La langue du culte : le dahoméen. Derrière chaque saint chrétien se cache une divinité africaine.

Quelques années plus tard, je me trouve à Asila au Maroc. Une soirée de danse et de chants. Une cérémonie présentée par les *gnaoua*. On invoque Allah et son prophète Mohammed. Ici, c'est l'islam qui recouvre les mêmes pratiques, le même culte africain.

Deux expressions d'une même réalité. Une culture africaine survit sous les habits du christianisme et de l'islam. Dominée, persécutée, interdite, elle persiste. Elle donne au Brésil son rythme, la *samba*, et, au Maroc, elle se transforme en une dimension de la culture populaire.

Ainsi une culture survit, se réfugie dans la clandestinité et, à travers les masques du maître, elle arbore son origine. Interdite, cette culture résiste, s'infiltre dans le nouvel espace et l'envahit. Est-ce exceptionnel ? Malheureusement non. L'histoire est jalonnée de cultures envahissantes, dominatrices, qui se sont introduites par effraction dans d'autres espaces avec la bonne conscience de leur supériorité et la vérité de leurs dogmes. Les cultures dominées, humiliées, persécutées ont fini par s'étioler et mourir. Rares sont celles qui ont résisté. Certes, nombreuses sont celles qui ont pénétré les cultures des dominateurs, les ont transformées, métamorphosées en se dissolvant en elles. Que ce soit par la religion, par la langue ou tout simplement par le régime social. Les rapports d'inégalité, d'injustice et d'appauvrissement sont trop nombreux pour qu'on ait à les citer. Ils constituent même la règle, le modèle.

Aujourd'hui nous vivons deux phénomènes qui imposent des changements dans les rapports entre cultures. Une technologie qui élimine les frontières mais qui, sans toucher à l'essentiel, ne modifie que les modalités de domination et d'envahissement. L'autre phénomène est celui du déplacement des populations. Immigrants volontaires, réfugiés poussés par la faim ou la peur, cherchant une liberté ou un moyen de subsistance, des millions d'hommes et de femmes se déplacent chaque année, chaque mois. Riches ou affamés, ils sont porteurs d'un réel – langue, religion, traditions – dont la rencontre avec un autre réel est soit un affrontement, un heurt, une humiliation, soit un accord, une gratitude et une harmonie.

Faut-il énumérer les guerres, les hostilités ou tout simplement les oppositions qui, dans nombre de pays, gouvernent les rapports entre cultures? Ce qu'il faut cependant souligner, c'est qu'en dépit des refus et des oppositions, et au-delà des tensions et des contradictions, ces rapports se concrétisent.

Il peut arriver que ces liens se développent dans une certaine neutralité, dans une indifférence ouverte toutefois à l'acceptation sinon à l'accueil, dans la promesse d'une possible harmonie.

Essayons d'en explorer les conditions. En ce qui a trait à la culture d'accueil d'abord. Consciemment ou inconsciemment, celle-ci gouverne un espace. Là, quand le réel n'est pas axiomatique, il est un acquis, un fait.

la demarche (le "mariage" intercuturelle)

Quand la culture immigrée s'installe dans le même espace, elle cherche à s'y faire une place. Tant qu'elle est lointaine, qu'elle se situe dans un ailleurs, la culture différente suscite la curiosité, voire l'intérêt. Elle peut, certes, être réduite à l'exotisme, c'est-à-dire à l'imperméabilité. Elle peut tout autant exercer une fascination, présenter un attrait qui ouvre la porte et invite à l'échange. Dès qu'elle est transplantée, elle dérange et peut sembler envahissante. Jalouse de son espace, la culture en place défend son territoire. Elle redoute l'étrangeté, la constante invitation au changement qu'elle perçoit comme une altération, un bouleversement d'un ordre, une mise en question de règles et de valeurs. En d'autres mots, elle a peur. Si, en plus, la culture en place est incertaine de son propre statut, elle tend à ignorer l'autre, à le repousser, et cela peut aboutir à l'affrontement. On parle alors de seuil de tolérance.

Il peut exister un autre scénario. La culture d'accueil est assurée de son statut majoritaire. Elle règne. Elle établit naturellement les règles de conduite de la société, sans avoir besoin d'affirmer sa domination. Et ainsi, sûre d'elle-même, elle peut passer à une autre étape : une curiosité de l'autre, faite d'intérêt et de générosité. Au lieu d'apparaître comme un envahisseur, l'autre prend la figure de l'hôte. Il ne représente plus une menace mais un apport. On l'écoute, on admet sa parole à condition qu'il adopte la langue de l'espace d'accueil, qu'il accepte de se dédoubler et reconnaisse que la maîtrise de cet espace appartient tout d'abord à la majorité.

C'est alors que l'on peut passer à la troisième étape. La majorité ne se contente pas de tolérer le nouveau venu, elle l'accueille, le reçoit et lui permet de se dire, d'affirmer sa présence. Il aura alors le loisir d'offrir sa culture, non seulement afin de faire connaître son passé, mais pour la vivre au présent, telle qu'elle s'est métamorphosée dans le nouvel environnement. Il obtient ainsi la liberté de s'engager sur la route de l'intégration, de faire partie de son nouveau pays et d'appartenir à une nouvelle communauté, avec lesquels il partage son héritage et ses richesses.

Pour le pays d'accueil, il s'agit d'une incursion, sans frais de déplacement, dans la diversité du monde; c'est aussi le sentiment que des contrées lointaines sont proches, qu'on peut, chez soi, entendre des chants, humer des odeurs, déguster des plats venus d'ailleurs.

Nous parvenons alors à la quatrième étape, la plus riche mais aussi la plus ardue, la plus complexe. La culture d'accueil et la culture migrante ne se situent plus en un face-à-face, même quand celui-ci est fondé sur un intérêt mutuel. On va au-delà de la découverte, on dépasse les limites de l'échange. L'immigrant est désormais un citoyen et il voit sa propre culture avec les yeux de son nouveau pays. Et ce regard ne transforme pas seulement ses racines mais également le nouveau pays lui-même. Ses racines sont désormais plantées dans un nouveau territoire. Quand la greffe prend, elle donne un fruit inconnu. Une culture épouse l'autre, lui donne un espace autre. Et la culture d'accueil, au lieu de dépérir dans sa pureté jalouse, est vivifiée, resplendit d'une vigueur et d'une jeunesse qui la protègent de toute menace de décadence. Cela ne va pas sans tensions, sans crises. La culture majoritaire se sent en perte de substance et la culture migrante lui apparaît comme une intrusion, un risque.

Dans la mesure où la culture d'accueil est assurée de sa vigueur et surtout de sa volonté de vivre, elle peut faire face à ce risque, absorber les apports et adopter une attitude de constant nouveau départ. Pour sa part, la culture migrante, au lieu de dépérir, survit dans un espace inconnu, se réinvente, se joint à une nouvelle famille.

Si nous nous plaçons du point de vue du migrant, nous constaterons que l'histoire ne se déroule pas à l'envers mais différemment. Les motivations et les circonstance du déplacement sont multiples mais, en fin de compte, les choix suivent les mêmes lignes.

Moins il réussit, surtout quand il est mal accueilli ou pas accueilli du tout, moins le migrant se sent partie prenante de la nouvelle réalité. Il est alors en perte de substance, c'est-à-dire d'identité. Il s'accroche à son passé, à ce qui en reste, quitte à le réinventer. Deux dangers le guettent : l'exil et la nostalgie. Il a le sentiment d'être à l'extérieur, à l'étranger et il se met à rêver à son lieu perdu. Il embellit son pays d'origine et même quand il l'abomine, il continue à l'habiter. S'il lui arrive d'y retourner, il ne le reconnaît pas et il déplore des dégradations qui ne sont, en fait, que des signes de la marche du temps.

Le migrant n'est pas partagé alors entre deux espaces, deux réels. Il n'est nulle part. Il s'invente un pays pour y loger ses frustrations et ses rêves.

D'autres migrants adoptent une attitude opposée. Ils se lancent à corps perdu dans la nouvelle réalité, l'épousent, y adhèrent. En même temps, ils oblitèrent celle qu'ils portent, dont ils sont issus, cherchant à l'effacer par un oubli voulu, forcené. Leur appropriation de la nouvelle réalité, toute sincère et toute enthousiaste qu'elle soit, manquera d'une essentielle dimension, celle de la présence à soi. Quand le migrant ne se reconnaît pas dans sa propre réalité, il risque de se perdre non pas dans une nouvelle réalité mais dans l'anonymat.

Le migrant peut passer à une autre étape en affirmant sa volonté de préserver sa culture dans l'espace nouveau. Il se met alors à danser des rythmes qu'il connaissait à peine, choisit ses amis parmi les personnes qui appartiennent à sa communauté d'origine, les convie chez lui et leur sert des plats nationaux. Il s'attache à sa langue et à ses traditions familiales. Il s'admire et on l'admire car une telle fidélité sourcilleuse a tous les attraits de la vertu même quand il ne s'agit, en réalité, que d'apparences. Par ailleurs, ce migrant ignore la culture ambiante et, par conséquent, passe à côté de la vie de son nouveau pays. Son attitude envers celui-ci oscille entre l'indifférence et la condescendance. Il vit dans un îlot. En un mot, il s'enferme dans un ghetto. Les murs protecteurs qu'il érige lui donnent l'impression de le prémunir contre une réalité menaçante qu'il infériorise pour pouvoir la mieux refuser.

N'étant pas mise en question par le réel, à l'abri du mouvement et des menaces de la vie, sa propre culture lui apparaît indubitablement supérieure. Figée dans la mémoire, morte dans la nostalgie, elle peut survivre comme squelette, ombre de la culture d'origine.

Or, cette même culture exsangue peut servir de marche-pied à des ambitieux cyniques qui, tout en l'ignorant et en la méprisant, l'exploitent comme instrument d'ascension sociale et politique. Affichant une fausse fidélité à l'origine, ces prétendus porte-parole de leur communauté condamnent les membres de leur groupe, consciemment, voire cyniquement, à l'isolement, tout en promettant à des formations politiques de la majorité de leur livrer leurs voix.

Le découpage des territoires politiques selon des frontières ethniques est néfaste. Culturellement, il est dangereux. C'est la voie de la facilité, du court terme. À longue échéance, ces lignes de partage apparaissent sous leur vraie lumière. Elles sont artificielles. Il se trouve même des politiciens qui se mettent à l'apprentissage des chants, des danses et des vocables de leurs parents et de leurs grands-parents afin de se hisser au rang de représentants de leur groupe.

Est-il utile de rappeler qu'une culture ne vit que dans le mouvement? Elle est mouvement. Aussi, la fidélité à l'origine qui, en soi, est louable, peut s'exprimer par la traduction, dans un sens large et non pas uniquement au sens linguistique du terme, du patrimoine des migrants au bénéfice de la majorité qui les accueille et pouvant englober, en même temps, toutes les autres minorités culturelles.

Il importe de rappeler que les communautés culturelles, appelées autrefois ethnies, ne constituent nullement un ensemble homogène. Elles sont des entités hétérogènes qui, le plus souvent, entretiennent moins de rapports entre elles qu'avec le groupe majoritaire. Par conséquent, une alliance, même tactique et de nature essentiellement politique entre ces groupes, peut avoir comme résultat leur isolement de la vie commune dans la cité. À moins qu'il ne s'agisse de la défense des libertés et des droits humains, telles la liberté d'expression, de choix culturel ainsi que l'affirmation de l'importance de la diversité et de la différence qu'une majorité peut négliger.

Quand les minorités culturelles se présentent à visage découvert, dans la conscience d'une différence, elles offrent leurs richesses à la communauté des cultures, l'enrichissant, l'augmentant. La conscience de la différence constitue alors le premier pas sur la route qui conduit à la rencontre de l'autre. Chacun se présente muni de ses bagages, proposant à l'autre de partager ses richesses et, pour commencer, d'en prendre connaissance. Une ville, un pays peuvent ainsi vivre le monde. L'étranger n'est plus le lointain, l'exotique. Il est le voisin et il a un visage.

Si le migrant réussit à attirer l'attention de l'autre, à se faire connaître de lui dans sa dimension la plus réelle, sa dimension culturelle, il peut le retenir pour établir avec lui un lien de partage. C'est alors que peut naître le rapport le plus fructueux, un lien impliqué dans le présent et porteur d'avenir.

Nous entrons ainsi dans le cercle interculturel. Qu'est-ce à dire? Une culture minoritaire s'exprime dans un espace nouveau. Elle s'achemine sur la voie de la rencontre de l'autre. Afin qu'elle lui soit compréhensible, cette culture se transforme. Autrement dit, elle s'engage dans la riche et nécessaire entreprise de la traduction. Dans une telle opération, il y a une perte partielle de soi, d'une pureté, mais il y a aussi bénéfice. Pour lui être accessible, une culture incorpore une autre culture. Si, de la part de la majorité, l'étape de la curiosité est franchie et que l'on passe à celle de l'accueil, il y a alors rencontre. Il n'y a là rien de nouveau. Toute culture naît d'une rencontre, affrontement et métamorphose. Cela peut prendre des siècles. Or nous vivons dans un monde d'accélération. Confrontée à l'autre, chaque culture est appelée à se préciser, à s'exprimer dans sa différence, son originalité. Autrement, elle sera condamnée à la disparition.

La différence peut conduire à l'isolement, à l'autoprotection. Coupée de ses sources vitales, une culture finit par s'étioler avant de disparaître dans un décor fait d'apparences et de nostalgie. La voie de la vie, de l'avenir est celle de la métamorphose. Par l'emprunt, le métissage, sans jamais oublier la primauté de la préservation d'une substance, on s'achemine vers la création d'une culture nouvelle. Non pas amalgame ni même synthèse, mais mouvement. Une quête de l'essentiel qui accepte d'emprunter des formes et des vocables inconnus afin de préserver l'origine.

En cela, la culture d'accueil n'est pas moins menacée d'étiolement que les cultures migrantes. En se recroquevillant sur sa pureté, elle se fige et finit par se transformer en spectacle, en musée. Les cultures migrantes la préservent en la renouvelant. Ainsi, le migrant devient non seulement utile mais nécessaire. Il est appelé à donner. Et c'est en donnant qu'il se joint à sa nouvelle communauté, qu'il partage le nouveau territoire.

La religion

Le vingt-et-unième siècle sera celui du retour au religieux, dit-on. Ce que l'on constate surtout, c'est le retour fracassant des guerres religieuses. À des siècles d'affrontements sanglants a succédé une accalmie. Le dix-neuvième siècle annonçait une marche ininterrompue vers le progrès, grâce surtout à la science. Puis, au vingtième siècle, ce fut le règne des idéologies. Si elles n'ont pas remplacé les religions, elles les ont au moins déplacées. Or, les prolégomènes de ce retour des religions apparaissent comme l'irruption d'idéologies plus archaïques et plus cruelles encore que celles qui viennent de s'effondrer.

En réalité, le surgissement du religieux est un resurgissement du tribalisme, d'une discipline archaïque sous l'égide d'un chef et, dans le cas où celui-ci est invisible, de son représentant. Aucune religion ne sort indemne de ces affrontements, et les religions prennent alternativement les figures du bourreau et de la victime. Orthodoxes, catholiques et protestants en Roumanie, orthodoxes face aux catholiques, orthodoxes et catholiques face aux musulmans en Yougoslavie, musulmans face aux chrétiens et aux animistes au Soudan, musulmans face aux coptes en Égypte, hindouistes face aux musulmans en Inde. On peut multiplier à l'infini les exemples et, en plus des guerres ouvertes, dresser la liste de celles qui couvent et n'attendent qu'un prétexte, qu'une occasion pour éclater.

À regarder de plus près, on s'aperçoit rapidement que la religion n'est, en fait, qu'un outil. Ce n'est pas de l'amour du

prochain et de l'amour de Dieu, encore moins d'une transcendance qu'il s'agit, mais plutôt de langues, de règles et de
lois auxquelles on obéit. Et ce, afin de donner au groupe la
cohésion nécessaire pour se porter à l'assaut des ennemis,
ceux qui lui contestent le pouvoir et qui, pour le lui enlever,
dénoncent sa religion. Il y a là une régression de l'idéologie
politique, un retour à ce que l'on nomme l'essentiel et qui
n'est, en fait, qu'une entreprise primaire de la défense d'un
territoire.

On a cru que, dans son organisation sociale, l'humanité
avait évolué du stade de la tribu à celui d'une société civile,
et de l'autocratie à la démocratie. Celle-ci a buté contre ses
propres vertus. Donner une voix égale à tous les citoyens
présuppose une égalité dans l'appréhension et l'appréciation
des faits et des décisions politiques. Ce ne fut pas le cas. On
a vu des hommes exploiter cette faiblesse pour installer un
règne de corruption et de démagogie. Jusqu'au retour à
l'autarcie totalitaire qui fonde sa dictature sur la supériorité
d'une race ou d'une classe.

Avec la montée de la technologie, l'image remplace la
police ou s'unit à elle. Les problèmes économiques créés par
ces technologies sont tels qu'aucune élite politique ne réussit
à les résoudre, à les contenir ou à les contrôler par la violence et la répression. Il s'agit non seulement d'une faillite
de l'idéologie, mais surtout d'une impuissance de la politique à
régler les problèmes de la société. D'où la présence d'une
langue de bois, d'une rhétorique vide, ambiguë et équivoque
à l'instar d'une image fixe dans une irréalité obscurcie,
masquée par un mouvement perpétuel, sans but et sans aboutissement. Ruse, mensonge et supercherie.

Face à l'impuissance des gouvernants, face à l'irréalité,
à l'abstraction du quotidien, le retour à l'origine, aux
sources, à la tribu, n'est en fait qu'un appel irrésistible à une
régression, à l'archaïque, même quand il prend une forme

brutale de démagogie. Il est tromperie et piège. En plus de donner un sentiment de fidélité, de plénitude de l'être et de sa fusion dans un ensemble, ce retour se présente comme intemporalité. La religion commence avec l'avènement de l'humanité ou bien elle inaugure une ère. Elle est naissance et n'a d'aboutissement que dans la mort qui est déplacement d'un monde dans un autre et qui, pour certains, est elle-même un retour, une étape de la résurrection. Cette intemporalité oppose à l'éphémère politique et aux fluctuations de la technologie une permanence, une continuité. L'individu se fond dans l'immuable.

Dans les pays industrialisés, l'impact du religieux, ou de l'idéologie qui en est l'avatar, n'est pas moins puissant. La technologie crée de multiples occasions de rencontres même si, paradoxalement, elle isole l'individu. La famille n'est plus un foyer, et le centre d'agrégation est une image, c'est-à-dire qu'il ne se situe nulle part. Placé devant un miroir déformant, l'individu se rend compte que l'image bouge mais, qu'étant irréelle, son mouvement est illusoire. Il découvre alors sa solitude et quand, grâce à la technologie qui en est en grande partie responsable, deux solitudes se rejoignent, au lieu de s'alléger, la solitude pèse de toute sa lourdeur. La secte remplace la famille, et sous l'œil du guide, impose des règles, une discipline immuables. L'individu aliène une liberté insupportable, se fond dans l'anonymat d'une masse, se transforme en une substance malléable puisant sa forme dans une volonté extérieure qui ne peut jamais être mise en question. C'est le départ, la fuite, l'abandon de l'être. Comme l'est la drogue qui en est souvent la contrepartie.

L'irréalité de l'image suscite aussi le sentiment de la futilité de l'action et de l'inutilité de la personne. La vie apparaît comme une illusion qui correspond à cette autre illusion : la drogue. Au point de départ, celle-ci est, paradoxalement, conscience et récompense. Conscience de la vanité de la vie et de la futilité de l'existence dont la récompense est la jouissance, la paix de l'oubli, une perpétuelle répétition du départ en un voyage sans destination, en d'autres mots, à la mort. À cette mort appelée, désirée, recherchée, la religion oppose la solidité d'une masse, la permanence d'une vérité et l'immuabilité d'un dogme. Triste retour et lugubres retrouvailles.

La soif de certitude, de ce que l'on qualifie de vérité interdit tout débat, toute discussion, toute parole. On répète, dans la crainte et la vénération, les ordres auxquels on doit obéissance. Idéologie primaire, aveugle, aliénation de la liberté, annihilation de la personne. Nous sommes loin d'une religion d'amour et de fraternité. C'est le règne d'un pouvoir brut, manipulé par des démagogues, des aventuriers, des assoiffés de puissance. La conjonction des meneurs cyniques et des affamés de certitudes interdit la parole, et l'absence de parole conduit inexorablement à la violence. Violence de ceux qui cherchent à assurer les assises de leur domination et violence de ceux qui ont perdu toute articulation de l'esprit et pour lesquels toute action équivaut à un geste immédiat accompli dans l'absence de toute réflexion, sans égard aux conséquences et, surtout, sans souci du mal que l'on inflige à l'autre. Celui-ci est réduit à l'image de soi, c'est-à-dire à un objet manipulé par un pouvoir auquel il s'en remet sans discussion.

Ce n'est donc pas à la disparition de l'idéologie que nous assistons, mais à sa résurgence sous une forme plus sanglante. Dans les affrontements ethniques et religieux, on n'a même plus besoin de recourir à des raisonnements, fussent-ils fallacieux, ni à des mots, fussent-ils de bois. C'est la force brutale, nue, la violence qui n'ont d'autre justification que leur présence, leur déploiement. Au lieu de progresser vers la liberté, on régresse vers une domination crue : le règne de la jungle.

Une étape ? Certains discours sur l'avenir, la jeunesse et l'espoir sont à la fois cruels et paradoxaux. S'occuper de la génération montante peut n'être qu'une caution, un prétexte à la démission. La génération présente, celle qui vit, est perdue, on la sacrifie en faveur des générations futures. Or, chaque génération fait sa vie, aménage son environnement. Il n'y a qu'une vie, et la génération qui sacrifie la sienne démissionne, s'abandonne volontairement à la mort.

Il serait intéressant de rappeler qu'au Moyen Âge, pour les chrétiens, la grammaire faisait partie de l'éthique et qu'à la même période les Arabes se distinguaient des Grecs par leur rapport avec la langue. Alors que ceux-là reliaient la langue à la pensée et affirmaient que le lien entre la langue et la pensée suit la voie de la logique, les Arabes considéraient la grammaire comme un comportement. Elle constitue en elle-même une voie. Attitude légale qui nie les dictées du cœur et les ambiguïtés psychologiques. Il existe dans les langues qui révèlent la parole de Dieu une équivalence entre forme et sens. La grammaire délimite alors et précise la loi. Le formalisme est une contrainte qui enferme l'homme dans ses expressions, interdisant doute et invention. L'interprète s'érige alors en juge. Cela peut mener loin, et l'intégrisme actuel est un des avatars du règne de ces maîtres de la grammaire et de l'interprétation.

La distance qu'on établit entre le mot et la chose, par contre, entre la parole et l'acte, le verbe et le sens, donne lieu, dans ses avatars, à l'émergence d'une langue de bois, à l'idéologie comme instrument de contrôle et à l'oppression des dogmes. Le débat entre philosophes et grammairiens est loin d'être clos. Face à l'envahissement de l'image et à l'asservissement de la langue par la technologie, il importe de réhabiliter les mots afin de ne pas perdre le sens, afin de le retrouver. Le verbe survivra sans doute, dans la mesure où il est vraiment présent, c'est-à-dire en étant non pas uniquement lien entre pensée et comportement mais, dans sa substance et son cheminement, à la fois pensée et comportement.

L'intime

Dans la vie d'une tribu, les rapports et les liens sont bien circonscrits. Il sont régis par des règles connues et précises. Toute transgression est sanctionnée. Les passions et les impulsions sont considérées comme des dérèglements, et l'affectivité est ignorée dès qu'elle risque d'intervenir dans l'observation des règles. Une mère peut exprimer tout haut son amour pour son enfant, mais il ne s'agit pas de choix car cela impliquerait une liberté. Cet amour est encadré et obéit à une norme. Si, par contre, un père privilégie un fils cadet, il infléchit la loi et dès lors les conséquences deviennent imprévisibles. Le sentiment existe, certes, mais dès qu'il n'entre pas dans le cadre, il faut savoir le juguler. Ainsi la liberté n'existe qu'à l'intérieur des cadres.

Il n'y a pas de distinction entre vie privée et vie publique dans une tribu. La vie privée est publique puisqu'elle se déroule au vu et au su de la famille, des proches, autrement dit, de la tribu. Par contre, la sécurité est assurée à chacun des membres de la tribu. Une femme abandonnée par son mari est accueillie, reprise par sa propre famille à laquelle l'homme fautif est appelé à rendre des comptes. Les orphelins sont incorporés dans la famille et trouvent chez les oncles et les tantes des substituts aux parents perdus. Richesse et misère sont partagées même s'il existe des hiérarchies entre supérieurs et inférieurs, chefs et subalternes.

Depuis que l'Occident a reconnu les droits et les libertés de l'individu, la frontière entre vie publique et vie privée a été introduite. Les sociétés de tradition protestante sont sans doute davantage soucieuses des prérogatives de l'individu. Celui-ci est une personne qui a droit au bonheur mais, étant également citoyen, il a des devoirs et des responsabilités envers les membres de la cité. La vie privée est devenue un domaine quasi sacré et les lois ont été promulguées pour la protéger. Certes, la vie privée d'un homme public représentait, et représente encore, un obstacle, une exception qui, en fin de compte, confirme la règle. C'est dans les sociétés de tradition protestante que la vie privée de l'homme public est mise en évidence par les médias : étant le représentant de l'autorité garante des libertés individuelles, on s'attend à ce que sa propre vie soit invisible, c'est-à-dire exemplaire. Ainsi, le roi Édouard VII a dû abdiquer pour épouser une roturière divorcée et Stevenson a eu du mal à se faire porter candidat à la présidence des États-Unis, car les partisans de son adversaire Eisenhower ne rataient pas l'occasion de signaler son état d'homme divorcé.

La télévision a bouleversé un ordre acquis dans les sociétés occidentales. Auparavant, dans le roman, le feuilleton du journal, le théâtre, voire le cinéma, l'intime était un réel que transfiguraient l'imaginaire, le rêve et l'attente. Avec la télévision, la figuration du réel a fait irruption à l'intérieur des salons. L'intime est devenu l'imaginaire quotidien et plus le feuilleton, les jeux, devenaient répétitifs, plus la distance entre les domaines privé et public s'amenuisait au point d'être imperceptible. Avec l'entrée de la politique dans l'image, c'est la vie publique qui fait une entrée fracassante dans le privé. L'homme d'État, le chef politique ne gouvernent plus à distance, veillant d'une manière imperceptible sur le bien-être du peuple. Ils sont devenus eux-mêmes ce peuple. Ils mangent la même nourriture, portent les mêmes vêtements, s'adonnent aux mêmes jeux. La vie familiale de l'homme politique, pourtant semblable à celle de l'ensemble

des citoyens, ne peut plus être considérée comme son
domaine privé, et sa santé est devenue une affaire d'État.
Bien sûr, on oppose une résistance à ce phénomène avec des
résultats qui ne sont pas tout à fait évidents.
Dans l'univers anglo-saxon, on exige des gouvernants ✓
une transparence totale. On fouille le passé, on passe au
crible les moindres infractions de la jeunesse ainsi que les
failles et les transgressions de l'adulte. Clinton adolescent
a-t-il fumé de la marijuana? Marié, a-t-il eu une maîtresse?
En France, on résiste. On ne tient pas compte outre mesure
des secrets d'alcôve de Giscard ou de Mitterand, mais
Pompidou fut sans doute le dernier président à pouvoir tenir
secrète sa maladie. On en est au point où, même dans des
pays comme la Grèce et le Japon, où les faveurs d'une jeune
femme pouvaient être considérées comme des récompenses
sinon légitimes du moins convenues, des chefs politiques ont
dû rendre compte de leur vie amoureuse et de leurs pratiques
érotiques. Il existe une presse qui se spécialise dans la révé-
lation des infractions au code familial exemplaire commises
par des hommes publics. Paradoxalement, ce code n'existe
plus, en pratique, dans les sociétés occidentales.

La culture de masse a donné naissance à la vedette.
Hollywood ayant fait son temps, c'est maintenant le rock et
la télévision qui imposent Madonna et Candice Bergen.
Deux codes existent parallèlement. Celui qu'on impose aux
dirigeants politiques, strict et censé exemplaire, et celui de la
vedette, libre, laxiste, où tout ou presque est admis. Et quand
le vice-président des États-Unis se plaint qu'un feuilleton de
la télévision présente ce qu'on appelait auparavant une fille-
mère comme une femme honorable, la vedette qui joue le
rôle répond au politicien par le biais de son émission. Liberté
d'expression, avance-t-on. Certes, mais dans ce cas, cependant,
la frontière entre le public et le privé est oblitérée et, ce qui
est plus sérieux, la ligne de démarcation entre le réel et sa

figuration, entre la vie réelle et le feuilleton de télévision est effacée. Il restait un pas à franchir et l'industrie du spectacle l'a fait allégrement. On n'a plus besoin de faire appel à des comédiens pour présenter une figuration du réel, on place devant les caméras des acteurs qui jouent leur propre vie. Avec les *reality shows*, on poursuit le réel jusqu'aux dernières limites, on le débusque dans ses ultimes confins et, ce faisant, on le transforme en imaginaire. Frelaté, confus, inorganisé, sans la discipline de la création artistique, répétitif. Il est davantage édulcoré et manipulé que le feuilleton qui porte un nom d'auteur et dont les protagonistes sont de véritables comédiens.

On dispose désormais de plusieurs vies que l'on parcourt à divers niveaux. Le réel des autres, de l'homme public, celui de la vedette, le quotidien traduit par le feuilleton, le *reality show* et, finalement, la vie individuelle de chacun de nous. Celle-ci est-elle, demeure-t-elle personnelle ? Elle est réelle dans la mesure où elle demeure privée et, paradoxalement, elle n'est privée que si elle s'insère dans l'univers quotidien tel que le présente l'écran.

Dans les pays en développement, la présence de l'image a constitué une véritable intrusion. Pendant des années, les films ont distillé des rêves qui se déroulaient dans des pays lointains et inaccessibles. Même dans des films produits localement, en Égypte ou en Inde, le rêve prédominait. Il était, certes, aménagé selon le code social des sociétés ambiantes. La télévision a introduit une autre dimension. Le monde extérieur, lointain, fait irruption au cœur du foyer. L'intime n'est pas mis en cause puisqu'il est banni au préalable. C'est l'intime des autres qui vient narguer des sociétés où il n'a pas droit de cité. Ainsi donc il existe des contrées où les rapports familiaux n'obéissent à aucune règle. Là, on ne respecte plus les aînés, on n'honore plus les parents. Cette intrusion se double d'une autre ingérence : celle d'une technologie importée qui donne à l'image une dimension concrète. On n'est plus devant un écran de cinéma. Il ne s'agit plus de rêve. On expose des modalités de relations humaines qui, pour certains, apparaissent comme des exemples, des modèles à suivre. Or, dans ses changements, la technologie devance la société. Le décalage est plus fort, plus flagrant dans les sociétés archaïques. On a beau appeler le progrès de ses vœux, on ne s'adapte pas aux bouleversements qu'il suscite, on ne les accepte pas car ils entraînent des renversements dans les rapports de forces, balayant intérêts séculaires et droits acquis par la coutume et perpétués par la tradition. On commence par considérer ces mœurs comme étrangères, aliénantes, on les rejette, et comme leur présence ne cesse de s'accroître, on les combat.

L'Occident a transmis sa civilisation par la contrainte, et souvent par l'asservissement. De nombreux pays s'en sont affranchis. Cependant, les indépendances n'ont jugulé ni le déploiement de la technologie ni l'effondrement des archaïsmes. Au Caire, on s'est mis à brûler les casinos, et à Téhéran on a imposé le voile. La régression a adopté des allures révolutionnaires prenant appui, en apparence, sur un retour à l'authenticité, apparence qui a trompé même des esprits éclairés en Occident. Se dégageant mal de sa culpabilité de colonisateur et de la barbarie dont il a accablé l'humanité par une alliance entre la technologie et la dictature, l'Occident ne se sentait pas apte à réagir, ne se sentait pas doté d'un droit de réponse.

La régression s'affirme désormais à visage découvert. L'Occident bouleverse l'ordre social sans apporter de remède à une ancienne misère et à un nouvel appauvrissement ; on récuse cette misère, on la rejette et on se réfugie dans ce qu'il y a de plus dur, de plus fort, de plus cruel dans des traditions antiques réinterprétées. Au cours des siècles de grande civilisation, l'Islam a donné l'exemple d'une grande ouverture, du respect de l'autre. Il réapparaît maintenant sous des apparences de grande fermeture, prétend faire un retour aux fondements, retrouver une pureté perdue. L'archaïsme n'est point une identité reconstituée. Construite, volontairement, de toutes pièces, celle-ci est un mythe. Il s'agit bel et bien d'une régression qui s'affirme dans l'agressivité et la violence meurtrière.

En Occident on traque le réel, l'intime dissipé dans l'image et on le cherche dans un lointain étrange. Le différent, quel qu'il soit, devient alors l'authentique. On ne veut pas se rendre compte que la technologie omniprésente et la société marchande transforment le voyage en tourisme et l'aventure en voyeurisme. La régression des autres, leur misère sont affublées des signes et des marques de l'exotisme. On part en groupe, on surprend l'autre dans sa quotidienneté insupportable dont on embellit le primitivisme. Ce que l'indigène éprouve comme une destinée de dureté et de misère est traduit par les yeux du voyeur en image de l'inconnu qu'on ne supporte que du regard. Les indigènes sont conviés à mettre en scène leur vie afin d'alimenter le médiocre imaginaire de ces chercheurs de merveilles de toc. Ils sont payés pour jouer leur propre existence, engagés à donner un spectacle de l'étrange et du surprenant. Gavé, satisfait, cet Occident leur apparaît comme une insulte, et cette intrusion d'une présence marchande est une atteinte à leur dignité. Alors, au risque d'accentuer encore davantage une misère étouffante, on chasse le voyeur argenté.

La quête de l'intime tourne court. L'intime de l'autre, fût-il réel, ne compense pas l'intime personnel perdu.

Le retour à l'archaïsme, où la rigidité donne le change aux certitudes introuvables, traque l'intime jusqu'à ses confins les plus concrets, dans la chair des victimes. En violant les femmes en Bosnie, les Serbes s'en prennent à un réel qui résiste, à un concret incontournable. On cherche alors à l'effacer, à l'écraser. La violence devient une manière de dire – fût-ce par la négation – qu'un point dur persiste, qu'un réel résiste qui sera vaincu par le réel des armes, la mort concrète.

Le monde assiste au spectacle dans une indignation impuissante. Le retour à la barbarie, pourtant flagrant, est nié, récusé. On se soulage en alléguant une barbarie antique, renaissante. Rappel singulier d'un temps révolu. On est pourtant en pleine modernité. Des générations ont vécu une fiction : un pays unifié par des slogans et des mots d'ordre. Une dictature sème désormais la terreur et prétend, par la peur, protéger d'une autre dictature, étrangère, qui est à la porte.

Que reste-t-il de cette fiction ? Misère, désarroi et absence d'une idéologie à base de slogans vides font renaître des idéologies antiques. On redevient orthodoxe, catholique et musulman. Il n'est même plus question de langue, et l'ethnie sert de masque à des idéologies qui s'appuient sur des dogmes immuables et prétendent avoir comme fondement le rapport avec un au-delà.

Dans les pays industrialisés, l'image est devenue l'ogre qui avale le réel. On la nourrit de figurations de fantasmes érotiques et elle les renvoie en figurations qui imitent le réel et finissent par le remplacer. Les amoureux d'il y a deux générations, assoiffés, souvent frustrés, ne se reconnaissent pas devant l'éclatement en série des seins et des cuisses. Dans les films destinés au grand public, la scène d'accouplement est devenue une exigence, une nécessité de mise en marché. Émoussé, le public attend plus, autre chose, et on cherche à le sortir de sa somnolence en le titillant. Devenu banal, l'accouplement est remplacé par des représentations de marginalités interdites : homosexualité, inceste et, dernière trouvaille, alliance entre la violence (parfois meurtrière) et la sexualité. Dans *Basic Instinct*, par exemple, le moment de l'extase est celui que choisit la femme pour mettre à mort sa victime. On revient ainsi à la peur de la femme et le sexe redevient le maléfice que des siècles de puritanisme avaient érigé en menace. Ayant tout dévoré, l'image demeure une figuration. Victimes, orphelins d'un réel fuyant, des hommes et des femmes crient et lancent des appels désespérés au retour à l'intime. Or, la machine est tellement huilée, tellement efficace que ces cris et ces hurlements sont vite avalés par l'ogre qui les transforme en images.

Les difficultés économiques surviennent à point nommé pour rappeler que le réel résiste. Il n'est plus question ni de rêve ni de promesse. On est en quête de moyens de survie et de continuité, de voies nouvelles pour vivre et exprimer l'intime. Tiraillés entre une violence archaïque et une image qui renvoie perpétuellement et désespérément à elle-même, la vie éclate dans sa propre destruction ou dans son illusoire prolongement dans la redondance. Un enfant qui chante, un nouveau-né qui pleure, et c'est le début de l'espoir, le retour à l'intime.

Quand on ne cède ni à l'image ni à la figuration, on tombe dans la léthargie. On peut alors habiller l'indifférence et lui accorder des qualités qui la rehaussent : respect de l'autre, de sa liberté, tolérance, acceptation de la différence. On tombe dans un égoisme, un narcissisme qui ne dit pas son nom. On est libre, on respecte la vie, on veut la saisir et en éprouver la plénitude. On part en quête du plaisir, on fuit l'ennui et encore davantage la souffrance. L'indifférence à l'autre et l'égocentrisme se donnent la main, pour pavoiser sous des apparences, des allures de modernité et de liberté. Or, c'est toujours la même léthargie qui, par l'agitation, se donne une illusion d'énergie, des airs de mouvement. L'ignorance de l'autre est une manière de conformisme. On se place à l'extérieur, en spectateur. Ainsi, la société peut continuer telle qu'elle est. L'autre est libre. Libre de subir l'inégalité, la misère, l'injustice. On ne lui veut pas de mal, mais on ne lui tend pas la main pour le secourir. Cette léthargie laisse libre cours à la violence. Violence des autres que l'on accepte, ayant perdu la force et la volonté de la dénoncer et de la combattre.

Va-t-on enfin retracer la frontière qui sépare le public du privé et redonner à la politique sa tâche première : contrôler la technologie afin que le rêve ne renvoie plus à l'image mais à l'inconnu, au mystère, à l'inattendu ? Va-t-on redécouvrir l'incertain pour redire l'attente et l'espoir ?

Image et technologie

Certains confondent la survie dans le temps avec une appropriation de l'espace et ont l'illusion de résoudre cette contradiction en l'affublant du vocable «identité». La quête de l'identité est devenue le recours des archaïsmes réveillés et de l'attente de l'éclosion de cette nouvelle civilisation qui ne cesse d'apparaître drapée d'oripeaux surannés, portant les qualificatifs les plus usés.

La technologie de l'image a devancé la capacité de l'imaginaire, et les conforts qu'elle dispense, avec ses raccourcis, ses surprises, ne s'accompagnent pas d'une modification des cadres de la société. Ses interdits persistent ainsi que l'apparente sécurité des rapports familiaux qu'elle impose, ignorant les refus et les révoltes.

On n'a pas besoin d'évoquer l'insuccès d'un Shah qui a tenté d'imposer cette technologie à une société qui n'y était pas prête, provoquant une régression aux apparences révolutionnaires, pour découvrir, au cœur des pays les plus investis par cette technologie, des contradictions, des dérapages, voire des débordements sanguinaires.

J'écoutais récemment un poète d'un pays arabe du Moyen-Orient réciter des poèmes écrits en exil. Chant désespéré évoquant un pays qui n'existait pour lui que dans la nostalgie. L'attente, cet espoir d'un retour, d'un bouleversement, lui paraissait interdite car, au mieux, elle serait fallacieuse ou illusoire. Le poème existe dans les mots, distille une musique qui n'a besoin que de sa propre euphorie. Et la révolte se mue en refuge dans le sommeil. Où est le pays ? Où le peuple loge-t-il ? Toute une génération a vécu et vit dans le mouvement suspendu d'une culture, d'un patrimoine, coupés du présent, donnant à de présumés porteurs la satisfaction de se dire les héritiers d'une grande civilisation. Exaltation éphémère, le recours au passé s'est transformé en caution, et alors qu'il faut affronter un monde en mutation, ce passé s'est transformé en prétexte pour figer une société dans la quiétude de ses certitudes. Le bouleversement serait, autrement, trop violent, trop brusque pour être assumé. Refuge illusoire, le pays réel se perpétue par un acte de volonté, à l'ombre d'une mémoire figée. Loin des prisons et des pouvoirs, ce poète, ce porteur du verbe se trouve à l'extérieur de son lieu, à l'abri du temps, ne transmettant qu'une tristesse qui se nourrit de sa propre substance. Le passé n'est pas moins onirique que l'avenir, et le chant de désespoir aménage une halte qui n'est ni attente ni sursaut d'énergie, mais un appel au sommeil, un annonciateur d'oubli.

Dans diverses parties du monde, en Asie, en Afrique et en Amérique latine, le recours au sol antique, au patrimoine est devenu un moyen désespéré d'insertion dans un espace qui, privé du temps, est à jamais perdu. On cherche alors le secours du mythe, d'une histoire lointaine ou tout simplement le produit de l'imaginaire. On s'applique alors à se délivrer des défaites pour célébrer les victoires et les conquêtes. Le temps n'existe que dans la mesure où il est récupéré, fût-ce grâce à un échafaudage, une reconstitution qui baignent dans l'irréalité mais qui servent de prétexte et de caution.

Que ce soit dans un territoire où règne la disette ou dans un pays repu, l'image est centrale. Dans celui-là, les images d'abondance, de richesse donnent le sentiment d'une proximité, d'un possible. Devant son écran, le spectateur se voit comme victime, accablé par une injustice inacceptable. Le décalage du temps et du lieu, loin de l'empêcher, exacerbe la révolte contre un destin qui réserve aux autres tous les privilèges. Double aliénation, car les effets de la technologie sont tout autant désirés que rejetés, étant les produits d'une civilisation qu'on prétend rejeter. En fait, on ne refuse que le bouleversement que la technologie produit dans une société archaïque dont les élites se dégagent de traditions surannées davantage par des manifestations verbales que par un changement de comportement. Et ces élites rejettent la responsabilité des contradictions entre leurs actes et leurs paroles sur les sociétés développées qu'elles accusent d'avoir, dans le passé, spolié leurs pays. Elles les accusent de faire miroiter un avenir qu'elles prétendent refuser parce qu'il les couperait de leur passé. En fait, elles en éloignent l'avènement, sachant qu'il les obligerait à changer de comportement et qu'il les dépouillerait de privilèges nouvellement acquis.

La lutte fait rage au sein de ces élites. Il y a des gagnants et des perdants. Ces derniers, quand ils ne sont pas simplement éliminés, sont envoyés méditer dans les geôles. Ceux qui échappent à leurs adversaires se réfugient dans les pays honnis et rêvés. Si à Paris, à Londres ou à New York, la haine persiste, le rêve change de caractère. Il projette désormais l'image de pays libérés, riches, vivant pleinement leur passé de noblesse, d'authenticité et de gloire.

L'image se dédouble et, par sa redondance, se nie. La parole se déploie tristement dans le vide. La misère, à force d'être exposée par l'image, est toujours là, entière. Et quand la parole s'épuise, la violence éclate.

Dans les pays d'abondance, on aboutit à une semblable violence même quand elle emprunte d'autres voies. L'image ne renvoie pas là à un passé mythique ni à un avenir rêvé. On est sorti du passé et tout retour n'est que nostalgie. Il existe, au sein de ces sociétés, des laissés-pour-compte qui, ne se laissant pas aller à la léthargie de la résignation, évoquent une mémoire de victimes. Bien que l'avenir radieux semble à portée de la main, il est, en dépit des promesses de l'image, fermé et incertain. Reste le spectacle. Le présent se déroule selon un rituel de spectacle. L'image perd sa puissance et l'on se heurte à une civilisation qui a perdu la vertu de la parole. La langue de bois l'a figée alors que l'image l'avait chassée. Le spectacle persiste quand on ne peut plus, sans désespérer, se regarder dans un miroir, quand l'image qu'il renvoie est celle de l'incertitude et de l'insignifiance.

La parole et l'image désertent, cédant la place au spectacle du sport et de la musique. Dans le spectacle sportif, les ingrédients du jeu, de l'incertitude aboutissent à une évidence. Il y a des gagnants et des perdants; le hasard et le talent procurent une satisfaction morale. C'est le meilleur qui gagne. Le spectacle est un événement unique dont la fin, au terme de l'attente, se présente comme une certitude. Le spectateur est tendu par l'incertitude, appelé à prendre part à l'émotion du déroulement. Pour lui, il n'est pas uniquement question de compétence et de mérite. Il participe à une victoire ou à une défaite dans la mesure où il accorde à une équipe, à un joueur une identité qui n'est pas purement individuelle. Car équipe et joueurs représentent une ville, un pays. Le sport est alors débordé par ce qui tient lieu de culture. On ne suit plus les péripéties d'une joute en tant que joute. On affuble l'équipe, quelle qu'en soit la composition, d'une identité nationale. Ainsi Gretsky peut quitter les Oilers, l'équipe de hockey de sa ville natale, Edmonton, pour porter les couleurs de Los Angeles, où il est mieux payé, et se battre contre les siens. On s'aperçoit là du glissement. Le sport est aussi affaire de sous. On joue pour les plus payants, même si on a l'air de trahir les siens. Et si une équipe gagnante est celle d'une ville américaine, même si elle compte des

Canadiens parmi ses membres, la ville canadienne perdante ou victorieuse ne ressent que sa victoire ou sa défaite, indépendamment de l'origine et de la nationalité des membres de son équipe et de l'équipe adverse. Car elle aussi «achète» ses joueurs qui peuvent être américains ou tchèques.

Ainsi, quel qu'en soit le contenu, le sport tient lieu d'un combat national où l'honneur et la gloire d'une ville entrent en jeu. Des groupes de sympathisants se forment pour défendre et l'équipe et le renom de leur ville. En d'autres termes, nous sommes en face d'une guerre silencieuse qui se livre par procuration, et il suffit de peu pour que le fanatisme sportif se transforme en fanatisme tout court. À Montréal, comme à Londres ou à Bruxelles, des groupes manifestent spontanément leur joie ou leur colère. Des vandales ainsi que des membres de formations politiques racistes et extrémistes se glissent parmi eux. Dans de telles conditions, le sport n'est plus une compétition. Il est encore moins un spectacle. Il devient le territoire où toute parole tue, où ni l'image ni le son ne suffisent plus pour exprimer l'attente et l'impatience, où le résultat déborde la compétition et se transforme en expression identitaire. C'est alors que la violence éclate, se substituant à celle qui se manifestait et qui se manifeste encore dans des guerres menées à visage découvert.

Les équipes sportives doivent suivre scrupuleusement les règles du jeu. Autrement, tout s'écroule : le spectacle et la validité de la compétition, de la guerre par procuration. Cependant, le jeu d'argent est trop important pour qu'il n'y ait pas de tentatives de piper les dés.

La musique populaire, pour un public plus restreint que celui du sport, est, en même temps qu'un spectacle de télévision, un spectacle vivant. Auparavant, les danses sociales comme le slow ou le tango donnaient à des couples, qui se formaient et se défaisaient parfois l'espace d'un disque, l'occasion de franchir la frontière de l'interdit social, de se serrer, de sentir leurs corps collés l'un contre l'autre, avec, comme caution et comme précaution, le son de la musique et le regard vigilant d'un public. Entre-temps, la société a changé. On s'est mis à faire l'amour dans les voitures et la virginité n'est plus une condition d'un mariage contracté dans les formes.

Le boogie-woogie a permis aux corps de se séparer et de se rejoindre dans la conscience d'une fusion désirée mais aussi d'une autonomie. Le corps n'était plus le désir et l'interdit, mais l'objet et le lien de plaisir.

Le rock a consacré ce plaisir en l'accentuant. On pouvait être ensemble, prendre la mesure de son corps et de celui de l'autre sans nécessairement se toucher. L'autonomie est consacrée et la distance, affirmée. Un autre élément est apparu : la musique forte et monotone. Le bruit couvre toute parole, interdit le dialogue, et le rythme répétitif amollit la volonté et la résistance. Il n'y a plus de corps preneur et de corps pris. Des corps uniformes, assourdis, tombent dans une ivresse douce et, ramollis, n'ont plus besoin de fusion. L'autonomie épouse la distance et affirme une solitude voulue et imposée à l'autre. Il n'est pas fortuit que cette musique ait accompagné la drogue.

Les fêtes, telle celle, emblématique, de Woodstock, célébraient la musique et la communion. Le sexe était devenu libre, sans entraves physiques ou sociales mais aussi sans conséquence, sans l'exigence d'un engagement amoureux. Les partenaires étaient devenus éphémères, interchangeables. Les drogues douces plongeaient chacun dans l'euphorie de son corps et de son évasion, dans un monde à part qui lui appartenait en propre, qu'il n'avait pas besoin de partager.

Ensuite le rock devint dur, *hard*, le bruit, de plus en plus assourdissant, la drogue douce ouvrant la voie à la drogue dure. Les communes s'effilochaient. Des sectes cherchaient à rattraper les éprouvés, les perdus, ne trouvant souvent que des épaves. En les affranchissant de la drogue, ils les asservissaient à une discipline et à un maître.

Parvenue à provoquer l'extrême ivresse, la perte de la conscience, la musique a, par le rap, renoué avec la parole. Elle cherche, dans les rythmes arabe, hispanique et noir, à renouer avec une tradition, une ethnie, à retrouver une tribu. Et l'on se remet à danser en rond. Il n'y a plus de couple mais des solitaires qui se donnent la main pour sautiller, accompagner les instrumentistes de leurs chants, créant une cacophonie qui, à nouveau, assourdit, enivre et mène à l'oubli.

Autrement, c'est la violence. Avec le crack, la drogue, au lieu d'endormir, éveille et fait éclater une violence aveugle. Il n'y a plus de danse. Plus de musique. Des enfants perdus s'agglutinent à des territoires qu'ils désignent comme les leurs, et défendent des possessions illusoires.

La boucle est bouclée. Au cœur des villes les plus gavées par la technologie et le confort, la misère renaît, la violence sévit, telles des pustules sur un corps en décomposition. Violence de désespoir qui va au-devant de la mort et la précipite. Des deux côtés de la barrière, dans un monde qui traverse les affres de l'agonie avant de renaître, deux violences font irruption et, avec des figures différentes, présentent un même visage.

Après les vedettes du cinéma et de la chanson, ce sont maintenant les mannequins, qui peuplent les écrans de télévision aussi bien dans les émissions de variétés que dans la publicité. Ainsi, les corps se suffisent à eux-mêmes. Les femmes qui parlent, qui chantent ou qui dansent sont tombées en désuétude. On n'a besoin que de figures silencieuses et de corps qui n'ont de présence que dans le silence d'une image muette qui se multiplie dans une perpétuelle redondance.

La régression à la tribu est quête forcenée d'une identité perdue et attente toujours trahie d'un monde de confort, d'abondance, de justice et de fraternité. En attendant, on chemine chacun pour soi, sur une route jonchée de cadavres et de quincaillerie inutile qui mène à la mort.

La langue

langue d'échange (intimité)
langue d'époque (→ pur)

La langue est liberté et loi. On peut changer de langue, en apprendre une autre, acquérir la connaissance de plusieurs et, dans chaque instance, chacune des langues possède ses règles auxquelles on obéit, à défaut de quoi on tombe dans la confusion et l'imprécis.

On peut distinguer plusieurs niveaux de langue. D'abord la langue abstraite, neutre, limitée à des objets, des concepts. Langue interchangeable qui, au cours d'une période, s'impose comme langue dominante. Il en a existé plusieurs au cours de l'histoire. Cette langue, à la fois lexique et vecteur, traverse les frontières. Pour franchir les limites de son pays, un homme de science, qu'il soit russe ou chinois, a recours à l'anglais. Il y a un siècle, il aurait eu recours à l'allemand.

La langue est également usage. Dans la cité, elle permet l'échange entre les hommes. Elle possède alors une territorialité. La difficulté commence dès que l'on cherche à définir et à délimiter un territoire par la langue qui y prédomine. Les frontières sont franchissables, les changements possibles, mais, au plan politique, un problème de pouvoir surgit qui oppose majorité et minorité.

Le niveau de langue le plus étanche, le plus difficile à altérer est celui de l'intimité. La langue qu'on a parlée enfant, qui a bercé l'attente, exprimé l'amour et la tendresse, permis de manifester la ferveur et la colère, établit ses frontières à l'intérieur de l'être, et c'est pour elle que des hommes et des femmes peuvent se battre et risquer leur vie.

C'est à ce niveau, celui de l'intime, que se situe la littérature – poésie, fiction et essai –, lieu du passage de l'être à l'universel. On ne peut franchir cette frontière qu'en rejoignant une autre intimité. Ainsi, par la traduction, on rejoint l'autre dans l'intime, dans le repli de l'être.

La distinction entre la langue d'usage et la langue abstraite, neutre, sans frontières, s'est produite lors de la découverte de l'imprimerie. Depuis, l'écart entre les deux niveaux de langue n'a cessé de s'élargir. La langue du commerce, bien que liée à un pouvoir, pouvait être prise en charge par un autre. Ainsi, le grec était devenu l'outil de communication dans tout le bassin méditerranéen, alors que l'empire romain avait déjà imposé son pouvoir sur la région.

À la suite de la conquête territoriale, l'hégémonie arabe au Proche-Orient, en Afrique du Nord et en Espagne s'est effectuée au nom de la religion victorieuse, et c'est en tant que langue sacrée, celle du Coran, celle de la parole de Dieu, que la langue arabe s'est imposée dans la majeure partie du territoire conquis.

En Chine, l'empereur avait imposé une langue unique sur ce que les Chinois considéraient comme un monde total. Cette langue ne pouvait être que celle de l'écrit. Le mandarin était la langue commune au même titre que l'arabe écrit. Dans un monde caractérisé par l'analphabétisme, le scribe et le mandarin contrôlaient l'information de même que sa transmission, détenant, par conséquent, le pouvoir, même si ce pouvoir s'exerçait au nom, et dans l'intérêt du monarque.

Partout, la langue de l'intimité est demeurée la langue vernaculaire, dialecte, langue locale ou langue autonome. À cette langue (persan, hindi ou turc), s'est opposée la langue dominante : l'arabe. Langue du pouvoir et de l'autorité, donc langue normative.

La révolution consécutive à l'imprimerie modifia les rapports entre la langue, la société et le pouvoir. La langue n'était plus la propriété du scribe ou du mandarin; elle pouvait, sans leur intervention, traverser les frontières. Devenue abstraction, l'écriture pouvait aussi servir comme vecteur de l'intimité. La littérature populaire orale a rejoint l'écriture savante réservée à l'élite. Les langues vernaculaires, celles de l'intimité, pouvaient désormais prétendre à une correspondance, plus, à une équivalence avec les langues d'usage, c'est-à-dire celles du pouvoir. Et c'est plus tard que leurs détenteurs ont cherché – et ils cherchent encore – à en imposer la territorialité.

C'est au dix-neuvième siècle surtout que la frontière entre langue d'échange et langue d'usage est devenue imprécise. Cette frontière correspondait à celles des puissants empires. Le français et l'anglais s'étaient partagé la diplomatie et le commerce, et l'allemand, précurseur de l'âge de l'industrie, s'était imposé par la maîtrise de la science et de la technologie. Au vingtième siècle, par sa défaite, l'Allemagne a perdu, au bénéfice de l'anglais, sa fonction d'instrument neutre d'échange.

Les Russes ont cherché à imposer leur langue par la force, par la présence de leur armée, mais surtout grâce à la force d'attraction de leur idéologie. Dans le glacis soviétique, l'enseignement du russe était obligatoire. Cela n'a pas fonctionné. D'abord en raison de la désaffection qui frappait une idéologie imposée et de plus en plus vidée de tout sens, et surtout à cause du refus opposé à un empire déjà révolu.

Aujourd'hui, l'anglais domine comme langue neutre d'échange. En dépit de ses poussées technologiques et de ses efforts pour propager sa culture, le Japon n'a d'autre choix que d'adopter cette langue comme instrument d'échange.

Le concurrent immédiat de l'anglais est le français. Or, malgré la réalité de la francophonie, malgré la permanence de l'attraction exercée par le français à travers le monde, cette langue ne peut prétendre qu'à la deuxième place en tant qu'instrument d'échange. Les efforts déployés par des esprits souvent parmi les plus brillants, tel le poète Léopold Sédar Senghor, pour faire prévaloir les mérites du français, son intrinsèque supériorité par rapport à l'anglais, demeurent à toutes fins pratiques inefficaces. Ce combat, si l'on peut dire, «passe à côté de la question».

On ne peut pas dresser une hiérarchie entre les langues. On peut préférer une littérature à une autre, mais la grandeur de l'expression de l'intime ne dépend pas de l'instrument utilisé. On ne peut pas établir la supériorité d'un poème de Goethe sur un poème d'Al Maari, ou d'une pièce de Shakespeare sur une pièce de Vondel par une comparaison des langues.

La langue véhiculaire s'adapte à la neutralité, au dépouillement et, en quelque sorte, à la réduction, à la pauvreté qui découlent de la fonction qu'elle est appelée à remplir. N'a-t-on pas cherché à transcrire le chinois en un alphabet facilement transmissible? L'entreprise aurait peut-être réussi si les circonstances concertées et les rapports de forces politiques dans le monde avaient imposé le chinois comme langue d'échange. L'anglais prédomine non pas en raison de la richesse de la langue de Shakespeare mais parce que, instrument de communication de l'empire britannique, il est passé au service du nouvel empire américain.

Les rapports problématiques de la langue avec la société, avec le réel, ne se situent donc pas au niveau de la langue universelle de l'échange. Le lien entre la langue d'usage et le territoire, entre l'autorité et la domination politique, entre la langue d'usage et celle de l'intime sont, à l'heure actuelle, des problèmes qui déchirent le monde.

Comment se présente aujourd'hui une langue d'usage? C'est celle que les membres d'une société, indépendamment de leur origine raciale, culturelle, ethnique, utilisent dans leur vie commune, la vie de la cité. Or, ces hommes et ces femmes ne consentent pas à le faire automatiquement. La majorité des villes comprennent des minorités et accueillent des nouveaux venus. Les uns et les autres peuvent vouloir conserver leur langue de l'intime et la considérer comme leur langue d'usage. Aussi n'acceptent-ils pas comme langue d'usage la langue de l'autre, fût-ce celle du groupe majoritaire. Ils peuvent se prévaloir d'une appartenance linguistique et culturelle qui les situerait simultanément dans leur pays d'adoption et outre-frontières. Ils auraient ainsi le sentiment de faire partie de majorités universelles et récuseraient le statut de minorités dans leur cité de résidence. Il n'en demeure pas moins deux impératifs. Celui, d'abord, du bon fonctionnement d'une société, de l'efficacité de l'échange à l'intérieur d'une ville, d'une région. À cette exigence concrète, rationnelle, vient s'ajouter un autre impératif : le pouvoir. La langue de la majorité s'impose par la reconnaissance du simple jeu de la démocratie. Cependant, dans les faits, à travers l'histoire, ce ne sont pas toujours les majorités qui imposent leur langue. Car la langue d'usage peut aussi être celle du pouvoir. C'est évident, par exemple, dans les colonies. Ainsi, en Algérie, la langue d'usage n'était ni l'arabe ni une langue kabyle, mais le français. L'indépendance s'est faite au nom de l'arabisme. L'arabe est imposé et les Kabyles, même dans une région où ils sont majoritaires, constatent que leur langue est proscrite et survit dans une semi-clandestinité.

Dans les villes où plusieurs groupes cohabitent, le problème est tout aussi ardu. Quelle est la langue d'usage à Bruxelles et à Montréal ? Nous sommes, dans ces cas, dans des sociétés libres, et toute imposition s'effectue selon les règles de la démocratie. À Montréal, l'anglais fut, pendant longtemps, la langue d'usage. Langue d'une minorité agissant comme majorité, puisant son pouvoir dans un statut majoritaire, outre-cité, sur un territoire élargi. Quand la

majorité francophone de la population de la province, y
compris celle de la ville, décida que sa langue de l'intime
devrait être reconnue et acceptée comme langue d'usage,
elle a dû recourir, démocratiquement, à une législation pour
imposer sa volonté, ce qu'elle percevait être son droit. Du
coup, l'anglais, langue d'usage, était ramené à une langue de
l'intime rejoignant dans ce nouveau statut l'italien, l'espagnol, le grec, etc. Or, aucun groupe n'accepte, le sourire aux
lèvres, d'être dépouillé d'un pouvoir, fût-ce un privilège.

Que parle-t-on à Bruxelles? Le français ou le néerlandais? La Belgique a découpé son territoire selon le partage
des langues. Or, dans la capitale, les deux groupes se trouvent entremêlés quand ils ne sont pas face à face. Les deux
langues ont perdu leur pureté en faveur du bruxellois. Le
français domine, encore mais le néerlandais ne cède plus sa
place à la langue rivale, celle du pouvoir d'en face. Quand
les Bruxellois doivent recourir à langue universelle, c'est
l'anglais qu'ils choisissent.

Dans nombre de sociétés hétérogènes qui semblaient
vivre dans l'harmonie et la réconciliation, il arrive que la
façade cède, provoquant l'éclatement. Ces sociétés étaient
tenues en laisse par l'arbitrage d'une force extérieure, celle
d'un colonisateur, ou par une idéologie unificatrice qui
recouvrait d'une manière quasi transparente une puissance
colonisatrice. Le masque enlevé, la fragilité apparaît au
grand jour. L'harmonie n'était donc qu'une mystification?
Souvent, on passe alors brutalement à la sauvagerie, au bain
de sang. L'affrontement ne vise pas la réconciliation, le
retour de la paix, mais la conquête brutale, prélude à l'élimination de l'autre. L'équilibre imposé par une force extérieure est rompu et remplacé par la violence. On peut espérer
le rétablir en ayant recours à une force qui, si elle conserve
sa neutralité, ne peut s'imposer. Au nom de la sauvegarde
d'une culture et d'une langue, on en arrive à vouloir éliminer

toutes celles qui partagent une même ville, un même territoire, afin d'affirmer un pouvoir territorial incontesté, absolu. À
vouloir désespérément confondre la langue de l'intime et la
langue d'usage, on est amené à chercher l'élimination de
toute autre langue de l'intime qui peut servir de langue
d'usage. Combat sans fin. On est en face d'une régression
qu'aucun bain de sang ne peut transformer en voie d'avenir.
La culture de masse n'est nulle part contournable. Les
produits d'une industrie culturelle mise en place par la
technologie sont en avance sur la prise de conscience du
changement. Ces produits sont américains en apparence,
parce que cette industrie s'était d'abord développée aux
États-Unis. Aujourd'hui, ils sont japonais, coréens, européens.
La langue de l'ordinateur semble être irrémédiablement
l'anglais. Or, cette même technologie permet l'émergence
des langues de l'intime et leur manifestation comme langues
d'usage. Cette capacité a les apparences d'une simplicité qui
permet de brûler les étapes. Les détenteurs du pouvoir, et
encore davantage ceux qui aspirent à l'obtenir, cherchent à
imposer leur langue de l'intime. Car la même technologie
qui permet la prédominance d'une langue neutre de l'échange
donne accès aux langues de l'intime, à l'expression ayant les
apparences d'une prédominance, alors qu'elles sont d'un
usage restreint et sur le point d'être oubliées. Et c'est la
confusion entre la langue neutre de l'échange, la langue
d'usage et la langue de l'intime.

Au cours de ces dernières années, on a mis de l'avant
l'idée de différence, et ce n'est que juste. Les groupes oubliés,
les langues et les cultures opprimées ou méprisées manifestent leur présence en pleine lumière et affirment leur droit
à l'existence et à l'autonomie. Et c'est justement sur ces
points que les difficultés surgissent. Dans une cité, que ce
soit une métropole ou une ville moyenne, des hommes et des
femmes vivent les uns à côté des autres. Parmi eux se côtoient

également des immigrants qui parlent leur propre langue et pratiquent leur religion. Dans une démocratie, la liberté de culte et d'expression est une prérogative essentielle. Mais la démocratie ne survit que dans une cité dont les habitants ne se contentent pas de se côtoyer, mais ont conscience d'une citoyenneté et ont à cœur le bien de la cité. Ils jouissent des mêmes droits et ont les mêmes responsabilités. Or, et c'est là que réside la contradiction devant laquelle on se trouve, ces droits peuvent avoir comme conséquence d'éloigner les citoyens les uns des autres, de les enfermer dans des ghettos linguistiques et des pratiques culturelles. Celles-ci demeurent une liberté tant qu'on ne cherche pas à les imposer à l'ensemble de la cité. Or, justement, dans une cité, la différence n'est une liberté que quand elle est contrebalancée par ce qui est commun, ce qui lie, ce qui fonde la cité. Des hommes et des femmes qui n'ont pas de langue commune peuvent difficilement s'entendre pour conduire les affaires de leur cité. Liberté de la langue de l'intime, certes, à condition qu'on la distingue de la langue d'usage. Celle-ci doit exister, car c'est elle, tout compte fait, qui assure l'autonomie des langues de l'intime. Autrement dit, la différence n'est pas un corollaire, un complément à la volonté commune. Elle en dépend.

La démocratie, on le sait, n'est pas la simple domination de la majorité. L'ensemble des citoyens confie la responsabilité du bien-être de la cité à une majorité à laquelle il incombe de respecter tous les citoyens, de les représenter, y compris ceux qui appartiennent à des minorités et, à plus forte raison, ceux qui ne l'ont pas élue. Les idéologies avaient masqué la volonté impérieuse de taire le désir d'expression des langues et des religions ayant survécu à l'oppression. Actuellement, la soupape saute et la volonté d'expression de ces langues et de ces religions prend la forme la plus primitive, la plus tribale. Dans le désert, les

membres d'une tribu arabe accueillent ceux d'une autre tribu
par le mot *salam*. Paix. Ils leur offrent nourriture et gîte.
Au-delà de cette générosité, de ce réel sens de l'hospitalité,
c'est aussi de la survie qu'il s'agit. Car ce qu'on n'offre pas
volontairement peut être obtenu par la force. L'exemple le
plus récent est celui de Saddam Hussein par rapport au
Koweit. En dépit des armements modernes fournis – en
partie du moins – par l'Occident, cette conflagration a
d'abord eu pour origine une guerre tribale. D'autres exemples sont survenus ensuite, sous d'autres formes, en Europe,
en Asie et en Afrique. Partout la langue est transformée en
signe distinctif et le vainqueur cherche à en imposer l'usage.

Il n'existe pas de solution miracle. La démocratie peut
remplacer les anciennes idéologies dégradées en masques,
ravalées à des subterfuges. C'est une idéologie qui peut
encore risquer de se présenter à visage découvert : le règne
du citoyen au service du bien-être de la cité. Et pour que
celle-ci fonctionne, une langue d'usage est nécessaire. Elle
est celle de la majorité mais n'appartient à aucun groupe, y
compris celui qui compose la majorité. Elle est l'instrument
de survie, du fonctionnement de la cité et l'espoir de son
bien-être.

Toutes les langues de l'intime peuvent persister et vivre
à l'intérieur des groupes à condition que ceux-ci soient reliés
par une langue d'usage, une langue commune. Il est temps
de distinguer entre l'usage et l'intime, de réitérer non seulement l'importance de la différence mais aussi, et tout autant,
les droits de la communauté, de ce qui se ressemble et qui
rassemble.

La francophonie

La francophonie est née d'une langue qu'elle nourrit, anime et exprime en paroles et en actes.

De tous les pays européens qui se sont déployés sur d'autres continents (la Grande-Bretagne, l'Espagne, le Portugal, la Hollande), la France est le seul à avoir gardé la maîtrise de sa langue sur son propre territoire. Langue qu'elle a déclarée universelle par la civilisation dont elle est issue et par la culture qu'elle porte et qu'elle exprime. Culture multiple qu'elle a voulue unique, quitte à l'imposer.

Cela a commencé par le territoire de l'Hexagone. La Déclaration des droits de l'homme est inscrite, enregistrée et transmise en une langue. Celle-ci n'est la propriété de personne, d'aucun groupe, d'aucune classe, d'aucune ethnie, d'aucune religion. Des citoyens l'apprennent et lui donnent vie, individuellement. Ils sont, fût-ce par imposition et par force, ses gardiens, sa sauvegarde.

On adhère à cette langue, celle de la liberté et de l'égalité, dans un amour exclusif et fidèle. On peut entretenir des rapports d'amitié ou de voisinage avec d'autres langues, mais une langue domine et prédomine. Ni Breton, ni Provençal, puisqu'on atteint l'égalité et la liberté de l'universel par la langue des Droits de l'homme. L'anglais, l'allemand, l'espagnol existent ailleurs, voisins, amis, adversaires avec lesquels on entretient un commerce, des échanges qui n'entament pas, sur son territoire, l'intégrité et la souveraineté de la langue de l'universalité.

le français = plus d'une langue

Dès sa naissance, cette langue était déterminée comme sens, direction, et non seulement comme vecteur et instrument. Expression d'indépendance d'une nation naissante, elle est devenue une manifestation d'expansion et d'hégémonie territoriale. À partir de la Révolution, elle a servi à traduire une libération de l'homme, l'affirmation d'une égalité et d'une fraternité. Mise en branle par l'intention de libérer les peuples et de les unir, la volonté d'hégémonie a connu un point d'arrêt. Le colonialisme était une affirmation de puissance, une volonté de conquête et de domination, mais les mots qui le servaient n'étaient pas sans ambiguïté. Car la volonté de libérer les peuples de la misère et de l'oppression sociale n'était pas qu'une mascarade pour couvrir des ambitions d'exploitation et de violence. Quand les enseignants français faisaient dire aux jeunes Africains «*Nos ancêtres les Gaulois*», ils ne se sentaient pas en pleine absurdité. Car, une fois apprise, cette langue offrait aux peuples conquis une civilisation, une histoire.

En adhérant à cette civilisation, on acquérait des ancêtres. Avec la langue et par la langue, la France dominait et exploitait, mais en même temps, parfois malhabilement, elle donnait une substance, elle se donnait. Et ceux qui acceptaient ce don étaient appelés à se départir d'un bien autre, d'un héritage qui leur apparaissait désuet, encombrant, voire méprisable. Puis on découvre que la libération n'allait pas sans mépris, que le don était aussi dépouillement et que les ancêtres adoptifs reléguaient dans l'oubli et l'humiliation ceux de l'histoire et de la nature. Le doute s'installe, suivi du ressentiment, du refus et de la révolte. On réclame une langue libératrice d'ancêtres qu'elle ne signale point, dont elle ne porte pas trace. Comment, en effet, cette langue peut-elle servir à une autre libération, alors qu'elle est devenue la voix du maître, l'instrument de l'oppression? Elle est là pour dire le malaise et le malheur, l'oppression multiple, celle du temps immémorial et celle, nouvelle, de l'étranger qui se présente comme libérateur et dont le visage se transforme en masque. La révolte contre le colonialiste lui emprunte sa langue, se fait dans sa langue et s'adresse d'abord à lui. Elle prend la forme d'une opposition au père, et c'est là son ambiguïté, car il s'agit d'une fausse paternité. De plus, en perpétuant son adolescence, le fils cherche un recours dans l'archaïque, dans l'héritage, la figure non du père originel mais du grandpère auquel il donne la parole dans la langue du faux père devenu père adoptif.

La France a quitté ces terres envahies, conquises, investies. L'a-t-elle vraiment, totalement fait? Par la langue, elle y a laissé une part d'elle-même, la meilleure. Le lien établi est indissoluble. Il importe, dès lors, d'en envisager les nouvelles voies, les sentiers du présent et les chemins de l'avenir. On découvre alors la double dimension de l'héritage, du bien offert, du don.

Des écrivains disent une société et l'affrontent. Leur amour se présente sous le visage de la douleur. Un retour? Oui, mais par le biais de l'autre, dans l'ambiguïté et la réticence. Et il y a l'autre langue, celle des harangueurs et des bureaucrates, celle que fuyaient, chacun à sa manière, Lyautey et Charles de Foucauld. Or, cette langue figée, devenue un faux-semblant, un masque, en un mot, cette langue de bois, s'est muée en caricature de la paternité, en instrument de domination. Les adolescents attardés, rejetant leur rôle de fils, cèdent à la tentation de reprendre le rôle du père, prolongeant ainsi la fausse paternité. Voie de la facilité, car il eût fallu retrouver la vraie filiation et exprimer, dans la langue adoptive, la réalité du père et de la vénération que lui porte le fils.

Nous voici face à un archaïsme des ancêtres, rêve d'une réalité enfouie, devenue un nouvel instrument de domination

Les anciens colonisés se servent du français (emprunté), langue universelle, pour dire au monde leur réalité.

qui, le jour venu, pour s'affirmer, ne reculera pas devant l'exercice de l'oppression. Et c'est le rejet de la langue adoptive, mais aussi l'espoir de sa renaissance. Car, dépouillée de ce qui l'avait politiquement encombrée, elle se trouve à l'aube d'un nouvel usage. Elle servira. Dans l'incandescence de sa puissance, retrouvant sa distance entre le leurre et le mensonge, entre un passé falsifié et une fausse promesse. N'appartenant ni aux maîtres d'hier ni à ceux d'aujourd'hui, elle retrouvera son innocence pour dire le malheur, la douleur mais aussi l'espoir, l'attente et la volonté.

Aux civilisations africaines et asiatiques qu'il a voulu élever en les dominant, en en déplorant l'archaïsme, le français offre un moyen de rejoindre l'universel, tardivement, mais à leur propres conditions. Dire l'Afrique sans renier le dahoméen et le wollof, c'est l'exprimer et la faire connaître au monde par une langue autre, ce que celles-ci ont préservé au cours des siècles. Dire en français le Maroc ou le Liban, ce n'est pas nier l'arabe mais construire, à côté de l'universalisme arabe, un autre universalisme non de domination mais de dialogue, de confirmation dans l'échange. Aussi, dans sa diversité, l'universalisme apparaît-il, riche de ses différences.

Il existe un autre français, celui d'une France de la retraite et du départ, oublieuse en apparence, mais toujours vivante dans les mémoires et dans les vocables. De l'île Maurice au Québec, sans oublier les Caraïbes, des voix s'élèvent pour dire des réalités que la France découvre en redécouvrant son propre idiome. Fidélité filiale, certes, mais les enfants ont grandi et volent maintenant de leurs propres ailes.

Qu'est-ce qui caractérise cette francophonie multiple et diverse? D'abord, une volonté d'unité et d'universalisme. L'histoire nous fournit d'autres exemples de pays qui ont prêté leur langue à des colonies. Celles-ci affranchies, ces pays sont devenus plus petits que leur progéniture. Débordés, dépassés, ils ont perdu non seulement le contrôle mais l'impact essentiel de la fondation, de l'invention et de la création. Que la France soit demeurée, le foyer de sa langue a eu des conséquences qui donnent à la francophonie son caractère unique.

On pourrait longuement commenter la place de l'anglais, de l'espagnol et, dans un autre sens, du chinois et de l'arabe dans la communication entre les peuples. Cependant, la francophonie ne se définit pas par ce qu'elle n'est pas et ne peut pas être. Dans cette période de crise, elle est une étape dans la marche des civilisations et des rapports entre les cultures. À l'instar de l'anglais et du chinois, le français est aussi un instrument de communication. L'anglais est l'héritier d'un royaume qui s'est voulu un ensemble, une unité dans les fragments. Parfois dans la bataille, et souvent dans des antagonismes qui persistent aujourd'hui encore, la Grande-Bretagne a reconnu l'existence, dans la différence, de l'Écosse, de l'Irlande, du Pays de Galles. L'Angleterre est demeurée centrale et, dans la définition d'un caractère de l'Empire, elle s'est définie comme norme et non comme différence. Les États-Unis se sont séparés dans le fracas de ce centre qui n'éprouvait pas le besoin d'affirmer son caractère, le prenant pour acquis. La rupture fut brutale.

Le Canada a recueilli et gardé des Écossais, des Irlandais, fragments d'un empire qui les maltraitait et auquel, pour se donner un statut dans la colonie de peuplement, ils affichaient leur loyauté.

À l'image d'une langue dont le point de départ est le détail concret, la Grande-Bretagne s'est déployée dans le monde par l'expression concrète d'une manière d'administrer, d'édifier une bonne cité. Elle a laissé à ses colonies le soin et le loisir de le faire à leur manière, tout en exerçant un contrôle, une domination qui n'était paradoxalement visible que parce qu'elle se voulait supérieure et à distance. La

l'anglais
le français

langue était un véhicule qui reliait au foyer du pouvoir et de la puissance, qui fournissait un exemple, offrait des moyens, des modalités, mais ne pouvait pas se prolonger pour transmettre et faire partager une substance. L'Angleterre demeurait l'Angleterre. On parlait anglais à Delhi et à Johannesburg, mais aussi l'hindi et l'afrikaans. La reine Victoria avait un pied sur chaque continent, mais l'Île restait une île.

La langue anglaise est donc apparue comme le véhicule idéal pour l'échange; langue lourde d'une grande civilisation, d'une substance, d'un contenu que l'on admire, dont on jouit, mais auquel on demeure étranger. Elle ne nous appartient que si nous nous l'approprions. La contrepartie est immense de conséquences, l'anglais possédant un double caractère qui en fait la langue mondiale d'échange. Langue riche, expression d'une civilisation ancienne, mais aussi idiome d'une puissance dynamique et d'une culture vivante. En raison d'une origine commune, cette langue a recueilli les dépouilles de l'allemand. On peut emprunter le véhicule, faire usage de l'instrument sans tenir compte de sa substance et de la civilisation dont il est issu. *+ français*

Quand ils parlent du monde, les Chinois désignent imperturbablement la Chine. Ils ont eu le génie de découvrir un système qui permet de réunir une multiplicité de langues dans une écriture unique. Les langues se confondent, dissolvent les différences dans la lecture d'une même écriture. On parle le dialecte chinois du lieu de naissance, le monde est chinois, et l'ailleurs, c'est l'étranger et, en un sens, le diable. Le chinois est la langue la plus parlée ou plutôt la plus écrite au monde, mais il est réservé aux Chinois. On naît Chinois, on ne le devient pas. Or, quand un Chinois s'adresse à un Bulgare ou à un Sénégalais, il le fait en anglais ou en français, le chinois n'étant pas une langue universelle.

Le français est une langue lourde de son concept, de son héritage et portant perpétuellement une culture et une civilisation. Il est aussi un instrument de communication et d'échange. On le réservait au commerce noble des palais et des missions diplomatiques. Langue de l'autre, de l'ouverture. Quand l'Occident a cherché à systématiser sa démarche, à tracer des frontières non pas uniquement pour atteindre à la clarté et à la précision, mais pour se frayer une voie à travers les multiples routes de l'évolution, il fallait décider et choisir. En philosophie comme en science, on a eu recours à l'allemand pour sa capacité d'enfermer plusieurs mots en un vocable, autrement dit de capter les ambiguïtés, de les loger dans des formules, sans avoir à les élucider, encore moins à les éliminer. Le réel sensible est alors placé dans un ailleurs de poésie et de lyrisme. Le romantisme est l'autre face de la science. La liberté, parfois réduite à des apparences, demeurait entière. Hitler a mis fin à la science en la transformant en un instrument de mort et de suicide, et au lyrisme en le réduisant à un folklore à l'usage d'une petite bourgeoisie urbaine.

Perpétuelle redondance assourdissante des radios et des journaux, la langue des harangues totalitaires, en plus d'être une langue de bois, représentait la dégradation de ce qui peut rappeler une expression religieuse. Dans son ultime expression, le communisme a transformé le contenu idéologique en instrument de domination totalitaire.

La science et la philosophie allemandes, à la traîne des philosophes et des savants exilés en Angleterre et surtout aux États-Unis, ont trouvé refuge dans l'anglais. De Freud à Wittgenstein, de Hannah Arendt à Wilhelm Reich, l'anglais est devenu la langue d'emprunt, puis l'idiome tout court. C'est que ces deux pays offraient, en plus de la proximité du pouvoir, la liberté.

Reste l'autre caractère de l'anglais. Fermée sur sa culture, jalouse de son passé, de la civilisation qu'elle porte, cette langue ne s'abandonnait à l'universel que dans sa dimension de vecteur d'échange. Le commerce demeurait restreint aux produits et ne comprenait pas l'esprit. Churchill l'avait bien compris en promouvant pendant la guerre le *Basic English*. Il peut sembler contradictoire qu'un historien du génie de l'anglais ait proposé de réduire sa langue à sa dimension de base. La contradiction n'est qu'apparente. Dans une société de classe hiérarchisée, l'anglais de la culture demeurait le privilège d'une aristocratie de l'esprit. Pour tous les autres, l'anglais de base, langue double, pouvait facilement devenir le véhicule et l'idiome de la culture de masse, la langue de la télévision, de la bande dessinée, mais aussi celle de la lettre commerciale avant de devenir celle de l'ordinateur.

On se souvient du débat qu'a soulevé le projet de réforme de l'orthographe du français. La résistance était venue non pas de rétrogrades qui s'accrochaient à une tradition surannée, mais d'écrivains, d'artistes dont un certain nombre étaient imbus de modernisme et adeptes de la modernité. Quelques années plus tard, cette même élite s'est moquée du ministre français Toubon qui, par une loi, formulait l'exigence de n'utiliser que des termes français dans la communication publique. Une partie de l'élite culturelle s'est jointe aux producteurs de publicité pour réclamer la liberté d'utiliser des termes étrangers, notamment anglais. Snobisme ou excès de confiance dans la vitalité du français? Toutefois, au-delà des protestations défensives ou vertueuses, on sentait l'inquiétude, la crainte d'une perte et, à long terme, d'une absence. Le français ne peut pas être dépouillé de sa tradition, de ce qui peut paraître désuet, mais qui est en fait sa manière d'exprimer une civilisation dont il émane et dont il entend être la sauvegarde.

En dépit d'une apparente prétention, il y a là une fragilité et l'expression d'une inquiétude qui dépasse la langue. En effet, une langue qui épouserait l'apparente neutralité de la technologie alimenterait une supercherie. La technologie n'est pas neutre. Elle peut sembler une absence et, en cela, conduire à l'anonymat. Aussi, elle ouvre la voie non pas à la liberté mais à la manipulation, au contrôle (fût-il invisible) et, en fin de compte, à la domination. L'anonymat, faut-il le rappeler, est le premier pas qui conduit à la domination et à son corollaire, la violence. La voie de la liberté est traversée par les différences qui dérangent et qui peuvent perturber. Mais c'est un prix à payer. La bataille se déroule à l'intérieur de la langue. Présence et parole, la langue est déterminée par les mots et ceux-ci expriment en creux l'absence des choses, leur autonomie, leur résistance à être enfermées dans un vocable.

L'écrivain ne finit jamais de découvrir le mot dans sa nudité, dans son innocence, en se battant contre la nécessaire définition qui est limite et distance par rapport au réel. C'est ce tiraillement entre la frontière et son franchissement, la barrière et sa brisure, la loi et sa transgression qu'une langue vit et fait sinon voir, du moins entrevoir. De tout temps, le français a été la règle et sa transgression, la loi qu'on observe et à laquelle on désobéit.

La réalité universelle d'une langue se mesure au nombre de personnes qui n'y sont pas nées et qui l'empruntent. En cela, le français, comme instrument de communication, vient loin derrière l'anglais. D'abord pour d'évidentes raisons géographiques, mais aussi en raison de son incapacité à se dépersonnaliser et à être un instrument neutre qui épouserait totalement la technologie pour en devenir une composante sinon une dimension. Il n'en demeure pas moins qu'il mène une bataille soutenue pour conquérir et préserver sa place dans le monde de la technologie. Les scientifiques, y compris les Français, ne s'embarrassent pas d'idiome, sauf celui de la science. Le plus pratique, le plus répandu, l'anglais est par conséquent le plus efficace. Tout effort entrepris pour le déloger serait de l'énergie perdue.

les lègues du français

En quittant ses colonies et ses protectorats, la France y
a laissé sa langue, gardant jalousement sur son territoire le
patrimoine de cette langue. Les indigènes des anciens territoires ont appris l'alphabet en français. Souvent, ils n'en
avaient pas d'autre. Le français demeure leur lien avec le
monde. Il est aussi la langue qui a permis aux élites de ces pays
de découvrir non seulement le monde extérieur, mais leur
monde à elles, leur propre société. Pour nombre d'entre elles, le
français est également la langue de la technologie, de la
science et du commerce. Le français a permis à l'élite culturelle – universitaires, créateurs, romanciers ou poètes – de se
découvrir, de fouiller leur histoire, de mettre en question leur
société et de donner vie à la réalité vitale de l'imaginaire.

Les romans de Depestre, de Ben Jelloun et de Kourouma
révèlent des mondes qu'un exotisme suranné avait masqués
et qui se présentent avec leurs promesses, leurs attentes,
mais aussi avec leurs plaies, leurs laideurs. À qui de tels
écrivains destinent-ils ces mises à nu ? À leurs peuples,
même s'il sont en majorité illettrés, incapables de déchiffrer
leurs textes. On oublie facilement que ce fut aussi le cas des
Français de l'époque de Diderot et de Rousseau et de la
Russie de Dostoïevski, et plus encore de Pouchkine. Il s'agit
là d'œuvres de culture et non pas de produits industriels de
communication.

Le progrès n'a pas répondu à l'attente. La promesse
d'un monde de justice s'est au mieux déroutée dans le
confort ou du moins dans l'absence de disette. On revient
alors à la base, à l'être, à la présence au monde. On parle. On
emprunte une langue qui, en donnant expression aux choses,
les dénature, les réduit. Mais, à travers l'opacité des mots,
l'être s'affirme en maniant les vocables avec une liberté qui
peut aller jusqu'à la transgression. Et une langue est un appel
à l'autre. Les cultures antiques qui survivent au temps sont
recrées par la langue de l'autre. Imposée par un maître

dominateur, la langue d'hier se transforme en instrument de libération car une mémoire y est inscrite, prend vie, et avec elle une culture renaît de ses cendres et devient autre. Le document exact n'est pas une manifestation de fidélité s'il n'est que le récit d'un monde disparu. Dite en français, l'Afrique est peut-être une invention, mais c'est le cas de toute culture vivante.

La francophonie établit des liens technologiques et économiques, mais elle est aussi l'expression de cultures enfouies dans le passé qui résistent à l'oubli en vainquant leur archaïsme. Entre la langue de la technologie et celle qui fait revivre le mythe, le lien est réel et étroit. Le français permet à des cultures antiques d'affronter le monde contemporain. Il les transforme, leur donne vie, les met en rapport avec d'autres cultures. Ce faisant, il se transforme à son tour, multiplie son patrimoine, acquiert des héritages.

Ni l'espagnol ni l'allemand ne pourront devenir la langue universelle qu'est le français. En dépit de sa puissance, l'Allemagne ne regagnera pas avant longtemps la place culturelle qu'Hitler a détruite. L'Espagne a aussi été absente pendant des siècles. Le point de départ de son expansion coloniale coïncidant avec l'Inquisition, l'espagnol ne pouvait pas devenir une langue de liberté. Curieusement, c'est à travers la France que l'Amérique latine a découvert l'universalisme. Il est vrai que l'espagnol possède une telle importance mondiale numérique qu'aux États-Unis il chevauche l'anglais.

Par sa majorité numérique, la France conserve son rôle de chef de file de la francophonie. Et c'est heureux. Car, en dépit de son passé colonial, la France est aussi et surtout le pays des Droits de l'homme. Chef de file ne veut pas dire domination, contrôle et affirmation d'hégémonie. De toute façon, la France n'a plus le pouvoir politique de soutenir ce rôle. Ses anciennes colonies affranchies ont gardé de fortes attaches avec la langue de la domination qui était aussi celle de la libération.

On assiste de par le monde à un criant besoin de réaffirmer les droits de l'homme, dont le droit à la culture. Ce droit suscite un débat à l'intérieur des langues, et notamment du français. Comment peut-on être Normand, Breton, Basque et en même temps Français ? La réponse, hier, eût été d'être exclusivement français. Aujourd'hui la question se pose différemment. Comment peut-on être Sénégalais, Marocain, Québécois et parler le français ? En s'affirmant francophone, c'est-à-dire en choisissant le rapport avec le français et, à travers cette langue, avec une culture. Peut-on se partager entre deux universalismes, le français et l'arabe, demeurer oriental et se lier à l'Occident par le biais d'une de ses langues ? Peut-on être Américain et francophone, développer dans les Caraïbes et en Amérique du Nord une langue à soi, qui est la même tout en étant différente puisqu'elle dit un autre monde ? Oui, car le français ne peut plus être la langue d'un seul territoire, et la France ne peut plus en garder le contrôle. Cela ne va pas sans tension, mais cette tension est vitale car elle est génératrice d'œuvres, de contradictions surmontées.

La francophonie étend la notion d'appartenance, et ses membres ne partagent pas un même territoire ou une même histoire. Si la mémoire n'est plus commune, elle le devient à travers la langue et son expression culturelle. Nous assistons à l'éclatement de cette langue. Elle est désormais américaine et africaine, et affronte constamment la menace d'un syncrétisme avec l'anglais ou le créole. Elle ne peut lui résister qu'en acceptant le métissage culturel qui n'est pas un amalgame de surface mais un véritable mariage de substance et de mémoire.

À l'intérieur de la francophonie, l'affirmation de la différence culturelle est une dimension des droits du citoyen.

Les États étant nés pour unifier, nous sommes au début de l'apprentissage de cette nouvelle notion de la citoyenneté. Le cas du Québec est éloquent. Se sentant pendant longtemps abandonnés par la France, les Canadiens français ont gardé sa langue en utilisant d'abord les cadres de l'Église, puis ceux de l'État. Dans l'adversité, ce peuple a réussi à affirmer une présence, une vie, et a acquis une vigueur née de la contrainte surmontée et vaincue. Conservant sa mémoire d'antan, il a acquis une mémoire propre, un passé nord-américain. Ne comptant pas sur un pouvoir colonial, ni sur l'aide d'une puissance extérieure, il a forgé ses propres armes de défense et de combat. Les Québécois constituent une société dotée de structures qui permettent à ses membres de vivre le français dans l'autonomie et la différence. Ils se présentent en France non comme des quémandeurs, mais en tant que communauté consciente de son existence. Et cette communauté apporte à la francophonie la dimension américaine, enrichit le patrimoine, élargit la mémoire d'une mémoire autre, adhère à un ensemble dans la liberté et l'égalité.

À l'heure où les cultures s'affrontent dans le sang et la mort, la francophonie peut être la contrepartie de manifestations véhémentes. Le français n'appartient plus à la France et elle ne se contente plus de donner, mais à l'intérieur de sa propre substance, dans son idiome, elle reçoit la diversité qui la transforme en fragment d'un tout, en membre d'un ensemble, étape nécessaire pour atteindre l'universel dans la liberté, dans une égalité de culture et dans l'espoir d'une fraternité des origines.

liberté, égalité, fraternité à la francophonie !

La francophonie canadienne

La francophonie canadienne est une mémoire. Elle est aussi une promesse. Être né dans la langue française, c'est être l'héritier d'une grande civilisation. Comme toute langue, le français est substance et expression. Expression d'un peuple, d'un univers, et substance d'une culture. Bien sûr, c'est d'abord la France, mais de plus en plus un ensemble de pays, un monde. Et cette culture, c'est Molière, Racine et Descartes, Baudelaire et Proust, mais c'est aussi Senghor et Cendrars, Alain Grandbois et Maeterlinck. Héritage immense qui devient planétaire. La France demeure le foyer, comprend le nombre, la majorité, mais n'est plus l'unique centre. Certes, de l'Afrique à l'Amérique, c'est la France qui a essaimé, qui a planté les racines, qui a jeté les bases. Mais elle ne contrôle plus le produit de son héritage, elle n'est plus l'unique source ni l'unique dépositaire d'une richesse devenue multiple. Dans leur diversité, les héritages s'ajoutent sans se nier. Et c'est à partir de l'héritage commun, à travers les divers continents, que les pays francophones forment une entité : rencontre d'esprits et convergence d'attentes, expressions que leur diversité rapproche et lie.

Puisant dans cet héritage et l'enrichissant, la francophonie canadienne s'y inscrit dans toutes ses dimensions. D'abord source lointaine et proche, historique et présente : la France. En dépit des vicissitudes de l'histoire, de la brutalité des événements, de la rupture politique, le temps n'a pas subi de brisure. Les Français qui sont restés ici ont fait que cette terre se transforme en patrie. Amour déçu, dépit et tristesse, nostalgie et colère, le lien avec la France ne s'est pas interrompu. Il s'est poursuivi avec un poids de rêve, de malentendus et d'attente. La Nouvelle-France est devenue le Québec, c'est-à-dire une terre d'Amérique. Ainsi, l'héritage conservé dans la loyauté et la fidélité, obéissant à l'espace, a donné au temps un nouveau départ : impulsion et renouveau. Ce nouveau foyer de la francophonie, le plus fort et le plus ample d'Amérique, est devenu le point de convergence des francophonies dispersées sur le continent et le centre de ralliement des francophones d'Amérique. Et en premier lieu de ceux du Canada.

Le fait est là : des francophones vivent, expriment une volonté de prolonger un héritage, de le renouveler en dépit d'un sentiment de solitude et d'abandon. Mais la vitalité d'une culture se manifeste par la manière dont ses porteurs font face au défi, et l'on peut dire qu'Ontariens, Manitobains et Acadiens, loin d'accepter l'étiolement et l'absence, montrent au contraire une volonté d'épanouissement. Voilà la deuxième dimension de cette francophonie.

Il y en a une autre qui découle et de l'histoire de l'espace canadien, et d'une mémoire qui n'a de réalité que si elle se met en état de constante attente et d'accueil immédiat de la promesse. Et c'est dans une attitude de disponibilité et d'exploration que se bâtissent des liens nouveaux. Sans passer par un centre, un foyer unique, les francophones d'Afrique, d'Amérique, du Moyen-Orient et de l'Europe se retrouvent comme immigrants, dans leur volonté non seulement d'affirmer leur autonomie mais de la construire dans un ensemble qui se renforce de la solidité de ses fragments.

Bilingue parce qu'il est francophone, le Canada est lié par l'anglais aux États-Unis dans un rapport incertain, inquiet et inégal, et à la Grande-Bretagne par une histoire qui se mue en fidélité et en mémoire. Par la francophonie, il est lié par la substance, la fidélité et l'histoire à une autre civilisation de l'Europe et de l'Occident. C'est là un lien nécessaire parce qu'il en a besoin pour conserver son caractère. En s'affirmant francophones, les Canadiens empêchent leur pays d'être absorbé par le géant voisin. Ils le font pour ne pas se laisser dissoudre dans la majorité de leur propre pays qui se fond dans la majorité du continent. Le Canada vit sa dualité, et la dualité ne se vit que dans la tension. Chaque groupe veut devenir majoritaire, et le nombre n'est pas une condition suffisante pour l'être ou le devenir. Être une majorité réelle, c'est être en position de contrôler et, en poussant d'un cran l'exercice du pouvoir, de dominer. Or, la majorité anglophone du Canada n'est pas vraiment majoritaire car, en Amérique, elle demeure une minorité. Elle a besoin de l'autre minorité pour échapper à la domination de la majorité continentale. Ainsi, le Canada est né de l'alliance de deux minorités qui cherchent à survivre. On peut facilement être oublieux des besoins et des conditions de la vie de l'autre quand sa propre vie est mise en question et menacée. D'où la tension. Et la fragilité.

Alors que les anglophones se trouvent en état de conflit et de crainte dans leur relation avec les anglophones d'Amérique, les francophones trouvent appui et soutien dans leur rapport avec les autres francophones. La France ne possède pas les moyens géographiques et encore moins la volonté politique de dominer la francophonie canadienne, mais le fait demeure qu'au sein de la francophonie, elle est majoritaire. Et, pendant des générations, nombre de pays francophones ont été sujets de l'Empire français.

En affirmant son autonomie culturelle et linguistique, le Québec donne à la francophonie canadienne le statut d'interlocuteur de toutes les francophonies, y compris celle de l'Hexagone. Mais la francophonie canadienne, c'est aussi le Nouveau-Brunswick, l'Ontario, le Manitoba, et c'est le Canada comme État.

Le rapport entre les pays francophones est un rapport d'échange. Sur le plan culturel, cet échange se fait dans l'égalité parce qu'il est d'abord une liberté. Chaque partie apporte sa richesse à l'ensemble et y puise des ressources. Aussi est-il essentiel à la francophonie canadienne d'être présente dans cet ensemble et d'établir des échanges directs avec l'Europe, la France bien sûr, mais aussi la Belgique, la Suisse ainsi qu'avec le Maghreb, l'Afrique et les Caraïbes.

Grâce à son appartenance à la francophonie, le Canada établit à travers le monde, dans un réseau où l'on se reconnaît par la parole, des liens et des échanges avec des pays qui ne se sentent plus étrangers les uns aux autres. C'est un privilège, une base à partir de laquelle il est possible de multiplier les échanges de tout ordre.

Une langue, c'est d'abord ceux qui, par naissance, la portent. Mais son aire d'influence, son impact, ce sont tous ceux qui l'apprennent comme langue seconde, instrument d'échange et dimension d'une culture. Or, dans nombre de pays, le français partage le territoire avec d'autres langues. Cette situation ne présente pas que des risques de tensions et de conflits, elle a aussi d'évidents avantages. Ainsi, à travers la francophonie, les pays du Maghreb et du Moyen-Orient introduisent, dans ce fonds commun de richesses, la civilisation arabe ; les pays d'Afrique, les cultures d'un continent ; la Suisse, un lien avec la culture germanique ; la Belgique, un rapport avec la culture néerlandaise ; et le Canada, la connaissance de l'anglais. Donc, à travers une langue et grâce à cette langue, une intimité se crée avec d'autres cultures et s'élabore en universalité de langues. Et c'est la forme par excellence d'une civilisation universelle qui naît et que nous appelons de toute notre attente. À partir d'une spécificité, d'une reconnaissance d'un particularisme, nous vivons l'expression d'une diversité qui cherche dans sa nature une universalité, première étape d'un ordre d'échange. Dans une vision optimiste, qui n'est pas toutefois détachée de la réalité, on peut dire que le Canada peut servir de lieu de rencontre pour le Commonwealth, une Amérique anglophone et la francophonie. Voilà un exemple d'un rapport possible entre peuples et États qui, reconnaissant leur particularisme et leur diversité, découvrent, par un héritage commun et un véhicule d'expression, un moyen de communication et une modalité d'échanges qui vont au-delà des intérêts économiques et des impératifs politiques. Vue ainsi, la francophonie est l'une des puissantes voies de l'avenir.

Un pays qui se cherche

Comme d'autres pays issus de l'Empire britannique, le Canada a emprunté à la Grande-Bretagne son souci de la loi, son respect du Parlement et son attachement à la tradition. En une génération, cet Empire s'est dissous, n'engendrant pas de rêve passéiste.

Les francophones, autrefois ruraux, vivant souvent dans un passé mythique, se sont retrouvés dans des villes, à l'écoute du monde. Dans le cadre juridique d'une province, ils ont construit un État apte à protéger une langue, des traditions, et surtout capable de donner au groupe francophone les cadres d'une vie autonome. Ainsi, puisant dans ses propres ressources, ce groupe pouvait établir des rapports avec les autres pays francophones, souvent eux-mêmes en cours de définition et de regroupement.

Privés de la protection morale et psychologique de la Grande-Bretagne, les Canadiens anglais se sont trouvés désarmés face à une invasion massive du nouvel empire américain, celui de l'industrie de la technologie et de l'image. Ni agresseurs ni conquérants, ces Américains ne faisaient qu'offrir en partage les bienfaits d'une civilisation qui, en dépit de ses manques, fascine et attire le monde entier.

Les Britanniques du Canada n'étaient pas venus comme émissaires et missionnaires d'un empire conquérant. Ils étaient, en majorité, des Écossais et des Irlandais qui avaient fui un empire où ils se sentaient sinon maltraités, du moins à l'étroit. Nostalgiques et loyaux envers la métropole européenne, cela ne les a pas empêchés, comme dans le cas de MacKenzie (en même temps d'ailleurs que les Patriotes francophones) de se rebeller contre l'autorité de Londres perçue comme abusive et injuste. Mais Londres n'est plus, aujourd'hui, une sauvegarde ni même un recours passéiste.

Les Canadiens anglais n'échappent pas à l'influence des Américains même quand ils les critiquent. Dans son livre *Survival*, qui devait devenir le manifeste de la littérature anglo-canadienne, Margaret Atwood a critiqué le négativisme des Canadiens, leur sens de la défaite et leur recherche d'un abri. Dans ce livre, on ne trouve pas trace d'une référence à une appartenance, à un passé britanniques. C'est en des termes d'héroïsme, dans une attitude qui rappelle fortement celle des Américains, qu'Atwood fustigeait la passivité canadienne. Or, et c'est l'une des composantes de leur histoire, les Canadiens anglais ne sont pas les conquérants mais les colonisateurs d'une terre souvent ingrate. S'il y eut des batailles, ce fut avec les autochtones, et ces batailles se sont terminées par des traités souvent destinés à calmer les consciences.

Dans leurs rapports, Canadiens anglais et Canadiens français ont adopté des attitudes de minorités. L'une, minorité victorieuse et régnante, appuyait sa légitimité et son pouvoir à l'extérieur, sur une métropole impériale, l'autre, se sentant abandonnée par une autre puissance extérieure, ne reconnaissait pas sa défaite et vivait dans la mémoire et la nostalgie. Pour persister, elle a reconnu le pouvoir régnant tout en se donnant les cadres d'une existence autonome : l'Église puis l'État.

Les deux peuples devaient conquérir l'espace, l'apprivoiser. Ils se sont laissés domestiquer par cet espace, sachant qu'ils ne parviendraient à le soumettre qu'en lui obéissant. Menant des vies parallèles et solitaires, ils ont choisi, dans leur rapport avec l'espace, des voies divergentes. Plutôt que de s'opposer l'un de l'autre, ils se sont ignorés.

En entamant leur poussée vers l'Ouest, les Canadiens anglais, insuffisants en nombre, ont ouvert les portes à des masses vivant dans la disette, en quête de fortune : Ukrainiens, Allemands, Scandinaves. L'Ouest était ouvert, à peupler.

De leur côté, les Canadiens français s'employèrent à apprivoiser un territoire dur et ingrat, se donnant comme armure protectrice une Église qui formulait pour eux les règles de vie, les interdits et surtout les conditions de persistance. Quand le cadre s'avérait étroit, ils s'exilaient aux États-Unis voisins.

La divergence des deux peuples par rapport à l'Amérique a revêtu un aspect dramatique dans leurs réactions à la conscription lors de la dernière guerre mondiale. Le cordon ombilical non rompu, les Canadiens anglais répondirent positivement à l'appel de la métropole, lorsqu'elle demanda protection. Les Canadiens français, quant à eux, se sentirent appelés à défendre un Empire qui n'était pas le leur.

On assistait aussi à deux façons d'accepter l'Amérique. Loin des emblèmes de la métropole, la nouvelle référence était cette vaste terre d'Amérique, terre d'exil et de promesse, de séparation et de fortune. Quand ils s'y expatriaient, les Canadiens anglais se perdaient dans la masse américaine, n'ayant ni langue ni religion pour dresser, sinon des limites et des frontières, du moins des cloisons et des points de partage. La frontière était grande ouverte, et les différences de civilisation ne se traduisaient pas dans la distinction évidente et précise des cultures. Pour se protéger, il fallait ériger des murs de garnison, selon les termes de Northrop Frye et, à l'encontre de la logique géographique et économique, créer des institutions qui relieraient le territoire d'est en ouest, alors que le rapport naturel allait du nord au sud.

Ce qui a séparé et distingué les deux peuples fondateurs
pendant près de deux siècles – et cette distinction est inscrite
dans l'Acte de l'Amérique du Nord britannique –, ce ne
furent pas les langues, mais les religions : le catholicisme et
le protestantisme. Le Canada français a choisi comme
armure l'Église catholique. La langue n'était qu'un appen-
dice, un instrument. La langue gardienne de la foi était le
mot d'ordre et la description d'un réel voulu, affirmé et
projeté. Le Canada anglais protestant disposait de militants
extrêmistes, orangistes et anti-papistes. Toutefois, les catholiques irlandais et écossais, de même que de nombreux protestants, se dissocièrent de ces querelles religieuses qui
avaient fait rage au cœur de l'Empire.

À l'instar de la mère-patrie britannique, le Canada a
vécu longtemps sans constitution propre. Quand la nécessité
d'en élaborer une s'imposa, le modèle dont il s'inspira, tant
pour la Constitution elle-même que pour la Charte des droits
qui l'accompagnait, était plus proche des États-Unis que
d'une métropole européenne. Cela n'indique pas seulement
l'éloignement de l'Europe mais la présence des Canadiens
en Amérique et leur prise de conscience du nouveau départ.

Le Canada anglais est tiraillé par des courants opposés.
Passé et présent dessinent un avenir incertain. Historiquement, il s'agit d'un prolongement de la Grande-Bretagne.
Or, celle-ci est un Royaume Uni, c'est-à-dire un ensemble de
peuples qui ont décidé de conserver des langues et des
religions distinctes. Au cours du siècle qui se termine,
d'autres peuples sont venus rejoindre les Britanniques pour
peupler le Canada. Pour eux, la Grande-Bretagne ne représente même pas un souvenir. Elle leur apparaît tout au plus
comme un modèle, une puissance historique. Ils se reconnaissent davantage dans le destin, le rêve, les aspirations,
sinon la démarche des États-Unis qui ont institué un mode de
vie matériellement enviable, irrésistible.

Entre le Canada et les États-Unis, il existe des différences marquantes, fondamentales : l'éthique du pouvoir, le rapport entre loi et liberté, les méthodes de gouvernement et d'administration. On énonce trop rapidement une différence fondamentale dans le traitement des immigrants dans les deux pays. Les États-Unis imposeraient le melting-pot, l'hégémonie, et le Canada respecterait les cultures, les origines et les différences. Or, en dépit d'une volonté politique d'unité, sinon d'hégémonie, des groupes ethniques, des religions et des races continuent d'exister aux États-Unis. Par ailleurs, à l'instar de la Grande-Bretagne, le Canada n'a pas imposé une volonté d'hégémonie.

Du fait de son imposante présence, une grande puissance suscite des fidélités et crée des traditions unitaires. Si les États-Unis rallient des citoyens aussi divers selon leurs origines, leurs religions et leurs régions, c'est par une puissance qui est elle-même un fondement de l'hégémonie. Tout au contraire, le Canada ne peut susciter des fidélités et des ralliements que par son respect des diversités et des différences. Il tire sa force de la faiblesse apparente de son image non hégémonique, pour ne pas dire imprécise. Face à un monde gouverné par les dogmes et les partis pris, l'absence de toute idéologie, y compris les aspirations nationalistes, peut paraître sa force et son originalité. Or, l'absence d'idéologie est elle-même une idéologie qui se heurte au nationalisme québécois et au régionalisme des autres parties du Canada.

La Déclaration des droits de l'homme, le protestantisme, l'Aufklärung ont affirmé la primauté des droits de l'individu. Libre et égal, l'individu n'avait plus besoin de l'État pour affirmer son appartenance au groupe. Celui-ci n'existait plus comme entité, comme fusion d'individus, comme instrument pour atteindre le réel. Libre et autonome, l'individu était une personne, un citoyen, n'avait plus besoin des béquilles du groupe. Il a fini par se dissoudre dans l'abstrait, et le réel est tombé dans l'anonymat. De faillite en échec, l'individu en apparence libre se trouve, de toute part, happé par la solitude, incertain de son rapport avec le réel, de son lien avec l'autre, de son appartenance sociale. Sans protection, il a retrouvé sa langue, la religion, la famille, ingrédients d'une réalité qui le fait passer de la biologie à l'être.

Dans un monde traversé par des déchirements, des revendications de droits bafoués, des retours, d'anciennes confrontations meurtrières, d'antiques haines toujours vivaces, le Canada semble donner l'exemple d'un pays qui a su vivre la diversité sans confrontations violentes. Les deux cultures qu'il juxtapose sont des cultures de survivance et non de domination. La tentation de la suprématie d'une majorité sur une minorité a été et est toujours là. Or, cette majorité se cherche et ne se trouve pas. Les dirigeants politiques sont en quête de moyens de la formuler : alliance des anglophones et des groupes ethniques issus de l'immigration, séparation des provinces et des régions. La religion et même la langue ne tracent plus les frontières qui délimitent les nombres et les pouvoirs. Il devient évident que le problème social et politique est essentiellement d'ordre culturel. Même les impératifs de la vie matérielle sont indissolubles du problème culturel.

Le Canada avait puisé sa force de cohésion et d'attraction dans son appartenance à l'Empire britannique, puis dans sa langue, et ensuite dans sa puissance économique. Aujourd'hui, la réalité de l'Empire est enfouie dans la mémoire. En abolissant la frontière avec des voisins puissants, nombreux et amicaux, la langue n'est plus une protection mais une menace. Et l'endettement jette une ombre de plus en plus opaque sur la puissance de l'économie. Pendant une génération, l'élite canadienne-anglaise a cherché une cohésion, une définition de son identité dans son opposition aux États-Unis. L'accord de libre-échange a consacré l'absence de frontières. L'indifférence des Québécois à ce que nombre de Canadiens anglais considéraient comme une menace, leur acceptation de cette intimité accrue avec les États-Unis ont donné à l'élite canadienne-anglaise l'impression que le Québec n'est pas un allié sécurisant. En dépit des apparences, la culture-canadienne anglaise existe. Elle est fragmentée et puise dans cette fragmentation une part de ce qui la caractérise. Tout en possédant une mémoire propre, elle est ouverte à des mémoires diverses, plus récentes, qu'elle cherche à intégrer. Or, n'étant pas assez forte pour fondre ces mémoires, leur intégration tend à accentuer la fragmentation au lieu de la diminuer. L'entité est encore trop mise en question pour imposer un sens, un intérêt commun et une unité. Il est possible de mettre en commun mémoires, attentes et promesses, mais, dans un régime démocratique, il n'est possible de les imposer que par la volonté tacite de l'ensemble, de même que celle d'une majorité des fragments et d'une majorité au sein de chaque fragment.

Telle un rappel à l'ordre, une histoire plus ancienne remonte à la surface. À leur arrivée, les Anglais et les Français ont atterri dans un pays peuplé. Eux aussi sont des immigrants. Les autochtones étaient là avant eux. Ils sont toujours là. Décimés, ils n'ont pas disparu, ils sont toujours vivants et réclament leur droit à une culture. Ils font cependant face à un dilemme : concilier un passé dont les vestiges s'affadissent avec une technologie irrésistible qui réduit ce même passé à l'anachronisme et, au mieux, à l'exotisme.

Les colonisateurs, fussent-ils imbus de la meilleure volonté, ne peuvent faire revivre des cultures qu'ils ont si longtemps méprisées. Dans la colère et l'impatience, les autochtones cherchent à rattraper le temps perdu, à récupérer un héritage fuyant qui constitue une source de richesse non seulement pour eux mais, paradoxalement, pour ceux qui les en avaient éloignés.

Même si le Québec prend entièrement en charge sa culture, celle-ci demeurera une composante du Canada. En raison de leur fragmentation, ces composantes n'ont pas laissé dans l'histoire une mémoire de haine et de refus.

Quelle que soit l'issue des débats, des affrontements et des accords politiques et constitutionnels, le Canada ne vivra que de la diversité de ses cultures qui est et sera sa culture.

Montréal, ou l'intégration par la culture

Dans un essai sur Montréal, l'écrivain britannique Jan Morris qualifie cette métropole de ville rafistolée. Tour à tour conquise, abandonnée, investie puis à nouveau abandonnée, elle porte, en effet, des marques de passages et d'appropriations successives. Pour s'y établir, les conquérants français l'avaient arrachée aux Indiens. Défaits, ils ont été forcés de l'abandonner aux Anglais. Ce sont les Écossais qui, au dix-neuvième et au début du vingtième siècle, ont décidé de l'édifier. Marginalisés chez eux, ils se réclamaient, en Amérique, d'un Empire, d'une mère-patrie dont ils étaient les mal-aimés, construisant sur cette terre nouvelle une ville à leur image.

Avec l'industrialisation, ce fut le déferlement des Canadiens français qui quittaient des terres rurales ingrates, réinstallant au cœur de la ville, autour des clochers, des villages où ils cherchaient à se prémunir contre un anonymat envahissant, et ne disposant, pour exprimer leur refus, que d'une arme : la nostalgie.

Aux prises avec la famine, les pogroms et les guerres, l'Europe envoyait ses surplus de population qui rêvaient d'une terre plus amène et qui étaient résolus à un nouveau départ dans la vie. Des Ukrainiens, des Italiens de Calabre et de Sicile, des Juifs de Pologne et de Russie, des Grecs, des Polonais et des Chinois et puis, plus récemment, des Vietnamiens et des Latino-Américains. À leur arrivée, ces communautés commençaient par se recroqueviller sur elles-mêmes, s'agglomérant dans des quartiers où, graduellement, elles installaient leurs épiceries et leurs lieux de culte. Jusqu'aux années soixante, Montréal est le fief des Britanniques. Avec l'industrialisation, l'emprise de l'Église catholique sur les Canadiens français se relâche. L'État a pris la succession des clercs. Majoritaires de fait, mais réduits à une minorité dans l'exercice du pouvoir, les francophones, mettant à profit le jeu démocratique, ont fini par jouer leur rôle de majorité. Depuis bientôt vingt ans, la ville est officiellement francophone, et les immigrants n'ont plus le choix entre deux langues. Ainsi, c'est à l'école française qu'ils doivent envoyer leurs enfants, et c'est en cette langue qu'ils traitent avec les autorités.

Les Canadiens anglais, qui se comportaient comme une majorité, acceptent, non sans regimber, leur nouveau statut de minoritaires. Et voici que les francophones assument leur rôle de dirigeants. Pendant un bref intermède, la ville est orpheline : ni les anglophones ni les francophones ne la prennent en charge. Des minorités éparpillées expriment, souvent malhabilement, leur volonté de se joindre à la majorité francophone. Grâce à l'action de l'État, celle-ci a pris en main les institutions culturelles et sociales de la ville. Les institutions fondées soit par des organismes privés, soit par des communautés religieuses, ont désormais besoin des fonds publics. Des banques, des entreprises industrielles et commerciales francophones sont en pleine croissance et comptent sur l'appui de l'État pour s'épanouir. Puis survient la récession. Chômage et pauvreté. Cependant, dans tous les coins de la ville, des restaurants «exotiques» naissent, vivent, survivent et disparaissent, constamment remplacés par d'autres. Des troupes de théâtre, des compagnies de danse, des groupes musicaux surgissent, répondant aux attentes d'un public jeune et attentif.

Alors que la drogue et la délinquance font des ravages, une jeunesse abandonnée par le monde du travail se retrouve aux côtés d'immigrants en quête d'emplois et s'adonne, avec les moyens du bord, à une activité artistique où l'individu peut encore affirmer sa dignité dans l'expression et la liberté.

Transculture et interculture, voilà de nouvelles formes d'expressions nées des métissages, des fusions des générations, de l'interrogation sur les rapports des sexes.

On assiste, dans la ville, à deux discours parallèles. Celui des politiques – indépendance, souveraineté, fédéralisme –, et celui des poètes. Relayés par les chanteurs, puis par l'ensemble des artistes, les poètes ont annoncé puis chanté l'avènement de l'indépendance du Québec. Grâce à eux, celui-ci se présente aujourd'hui sous son propre visage : autonome. Pour les artistes, le pays existe non pas uniquement dans l'attente et le rêve, mais dans des œuvres, dans la rencontre d'une population et de ses porte-parole qui n'ont pas besoin d'être des porte-drapeaux.

Une ville naît dans la diversité, dans une réalité composite. Elle comprend la multiplicité de ses origines et les fond dans une intense expression, eût-elle l'apparence d'un amalgame confus. Montréal a commencé à avoir une identité quand elle a décidé de parler une langue commune : le français. Au lieu de se fermer, les portes se sont alors ouvertes. Toutes les expressions sont devenues possibles car la ville existe. Les différences conduisent à l'enfermement, à la frustration et à l'hostilité quand elles ne sont pas un point de départ pour rejoindre d'autres différences.

Les villes s'étiolent et meurent non pas tant de la dégradation de leur économie que de la ghettoïsation de leurs particularismes. Toute culture naît d'abord de l'intime, du local et s'épanouit en se tendant vers d'autres cultures.

À Montréal, nous assistons à l'affirmation d'une culture francophone qui, confiante en son devenir, s'ouvre et incorpore l'Amérique et le Canada anglophone, intègre les apports de l'Europe, de l'Amérique latine, de l'Afrique et de l'Asie. Une culture nouvelle est en voie d'émergence. Elle est fragile. Mais si Montréal réussit, elle peut donner l'exemple d'un rapport de groupes qui s'effectue dans l'harmonie. Cela contribuera grandement à régler les problèmes économiques et sociaux. C'est un espoir pour le Québec, le Canada et peut-être le monde.

Culture et individu

La civilisation occidentale a été traversée par de nombreux conflits dont la cause était l'affirmation des droits de l'individu face aux collectivités : tribus, clans, États. Ces affrontements ont parfois pris les dimensions de guerres religieuses, linguistiques et ethniques. Par exemple, les guerres de Religion opposant les protestants aux catholiques ont eu pour origine la volonté des protestants d'assurer les droits de l'individu, d'affirmer leur foi, d'y parvenir par le libre examen et l'étude face à une Église catholique hiérarchisée obéissant à des dogmes. Ce ne fut, certes, qu'une des dimensions de cette guerre. Les Églises protestantes ont d'ailleurs, par la suite, développé leurs propres dogmes, mis sur pied leurs propres hiérarchies, et les Puritains ont historiquement fait écho aux Inquisiteurs.

C'est dire que de la tribu à la nation, chaque formation, dès qu'elle conquiert le pouvoir, cherche à l'affirmer, à le perpétuer, à le défendre contre les contestations et les mises en question par un appel à la fidélité, à la loyauté et, finalement, à l'obéissance.

Sorti de sa tribu, du clan des origines, l'individu s'est toujours trouvé embrigadé par les tenants d'une langue, les pratiquants d'une religion, les défenseurs d'un territoire. Est-il besoin de rappeler les drames, les tragédies dont abonde la littérature de l'Occident, opposant les aspirations, et les besoins de l'individu aux diktats des collectivités sociales, linguistiques et religieuses qui l'oppriment et l'étouffent...

Il ne serait pas exagéré d'avancer que, pour une part, cette culture est l'expression de cette opposition ainsi que la mise en lumière de la révolte de l'individu, de ses tentatives de survie.

On peut même lire l'histoire de l'Occident comme une suite d'entreprises pour réduire l'individu à la soumission, faire taire la voix de la personne et la fondre dans une multitude indistincte au nom d'un idéal, d'une religion ou d'une idéologie. Les derniers avatars, et les plus meurtriers, furent le fascisme, le nazisme et le communisme. Le nazisme avait inscrit la disparition de l'individu dans une appartenance à une race dont la supériorité lui donnait le droit de conquérir, d'opprimer, d'éliminer toute autre entité – peuple, groupe religieux, race – dont cette idéologie définissait la nature et le caractère.

Le communisme a usurpé l'idéal de justice et d'égalité, transformant les opprimés en une entité hypothétique, abstraite, et permettant aux nouveaux détenteurs du pouvoir de se livrer à l'étouffement de toute voix individuelle.

Depuis les temps anciens, depuis que la voix des Prophètes a retenti, jusqu'à l'entrée en scène des dissidents soviétiques, la solitude a frappé et marqué les hommes et les femmes qui ont réclamé le droit d'élever la voix et d'affirmer leur liberté en tant qu'individus. Les Prophètes avaient accepté cette solitude dans la souffrance. Nombreux furent, au cours des siècles, les sages, les penseurs qui, se croyant raisonnables, ont cherché à y échapper, à la contourner dans la quête d'un dialogue et la recherche d'une communion. L'histoire nous apprend que certains dissidents se transforment en oppresseurs dès qu'ils accèdent au pouvoir. Ils acculent alors à la marginalité ceux qui, parmi eux, ne se reconnaissent pas dans le nouveau rôle de détenteurs d'autorité. Après leur mort, on célèbre leur mémoire, les institutions s'approprient leur parole et la collectivité les évoque avec nostalgie.

Seuls de nouveaux dissidents, poursuivant leur route, parfois en récusant leur démarche, leur redonnent un supplément de vie.

Les Romantiques ont chanté la misère des marginaux, élevant le rôle de la victime à celui du sacrifié qui s'offre en holocauste afin de consoler les malheureux, soulager les opprimés et faire entrevoir un salut futur, une prochaine délivrance, des lendemains de liberté. Ce faisant, ils confirmaient la marginalité de l'individu qui ne pouvait atteindre à l'efficacité qu'en se précipitant dans l'abîme de la solitude, qu'en acceptant une vie de retrait, une existence à l'écart.

Tout en défendant ses droits, tout en s'opposant à la voix de la majorité, à l'oppression du dogme, à l'hégémonie du nombre, l'individu, en conquérant sa liberté, fait la découverte de la solitude. Il n'a qu'une hâte, en sortir, et c'est alors qu'il peut succomber à la tentation de formuler de nouvelles règles, les directives d'une nouvelle oppression, fût-ce en élevant des murs pour retrouver, à l'intérieur d'une prison voulue, la chaleur de la multitude. Il affublera alors ses nouveaux compagnons de lutte (ces futurs contrôleurs de la liberté des autres) des noms de camarades, frères, citoyens. Le concept de révolte, vidé de son sens, devient l'instrument d'un nouvel ordre.

Chaque époque, voire chaque génération, formule sa conception du groupe et de l'individu. Il existe néanmoins des constantes. Un nouvel ordre révèle le vrai visage de certains dissidents de la veille : des assoiffés de pouvoir qui se servent de leur refus, de leur dissidence comme instruments pour atteindre le pouvoir.

Toute création culturelle, même quand elle entend refléter un passé, comprend une dimension de dissidence. Il s'agit, bien sûr, de ne pas confondre création, vitalité et nouveauté. Dès qu'il est vécu au présent, le passé est source de vitalité et tout héritage survit dans son renouvellement. Toute lecture libre, qu'il s'agisse du passé ou du présent, est individuelle. Elle est création. Pour conserver la mémoire du passé, pour célébrer les événements qui l'ont marqué, l'individu est invité à se fondre dans une collectivité. La fidélité à l'héritage n'en demeure pas moins un choix personnel et dans les commémorations, l'individu peut se joindre de son plein gré à la collectivité.

À première vue, la chute des totalitarismes modernes, fascisme, communisme et nazisme, semble avoir ouvert la porte à la liberté de l'individu, lui permettant de s'y engager sans contrôle et sans contrainte. Or, on a vite constaté que les assauts contre la liberté recouvrée ne sont pas moins forts ni moins nombreux. Ils peuvent, toutefois, être indirects, et sournois.

La culture de masse a connu, au cours de son développement, plusieurs dimensions. Conçue au départ comme une entreprise d'élargissement du public, la culture de masse amène l'artiste créateur de même que l'exécutant – comédien ou musicien – à se mettre au service du plus grand nombre alors qu'ils appartiennent à l'élite. Les idéologies totalitaires lui assignèrent un rôle semblable tout en l'obligeant à obéir à une idéologie qui se confondait avec la volonté et les besoins des détenteurs du pouvoir.

Dans les sociétés libérales, à côté des écrivains et des artistes qui voulaient transmettre un message au peuple, de ceux qui croyaient en être les porte-parole et de ceux, finalement, qui ne servaient personne, qui s'exprimaient par besoin et persévéraient même quand ils n'étaient pas entendus, il y avait tous ceux qui se servaient de la littérature et de l'art comme d'un instrument de promotion sociale ou tout simplement comme un moyen de faire de l'argent.

Deux manières de s'adresser aux masses se sont, par conséquent, développées parallèlement. Certains voulaient les guider, les éclairer, les amener à adhérer à une doctrine, à œuvrer au sein d'une formation politique, à servir une idéologie, d'autres n'entendaient que les divertir, les émouvoir, les amuser, leur faire oublier leur condition et leurs problèmes, tout en les faisant payer pour ce divertissement, permettant ainsi à l'élite marchande de s'enrichir.

Depuis l'apparente fin des idéologies, ce sont les vendeurs de rêves, de rire et d'émotion qui règnent, qui occupent tout le terrain. Les gouvernements subventionnaient auparavant, directement ou par l'entremise d'institutions publiques, les arts qui ne parvenaient pas à soutenir la concurrence marchande. Ils le faisaient au nom de la nécessité d'une authentique expression artistique et culturelle. Ils reculent de plus en plus devant les assauts des vendeurs de divertissement qui prétendent offrir aux masses ce qu'elles demandent, faisant fi des prétentions d'une élite qui ne parvient pas à atteindre le public et qui cherche, disent les marchands, abusivement, comme compensation, la protection de l'État. Ces élites, d'ailleurs, trouvent le plus souvent refuge dans les universités, les établissements d'enseignement et autres institutions publiques.

Les élites marchandes demeurent grâce à l'appui et aux produits des nouvelles technologies. La rencontre entre les fabricants d'une culture marchande et les nouvelles technologies a comme résultat, souvent imperceptible et inattendu, de gruger la place de l'individu, de lui faire subir en douceur, avec son consentement tacite, une nouvelle forme d'asservissement et de soumission.

Pour satisfaire son besoin de s'étendre à l'infini, la culture marchande traverse les frontières, les langues et les différences. Celles-ci ne survivent que dans la mesure où, réduites à l'exotisme, elles attirent le public sans le déranger.

Dans la majeure partie de ses produits, la culture marchande s'adresse à un public anonyme dont la diversité des goûts et les variations des besoins sont effacées par un dénominateur commun de normalisation. Il importe que les larmes, les rires et les effrois soient partagés par la masse la plus grande possible. Et dès que l'intérêt de cette masse anonyme s'émousse, on le réveille en s'adressant aux pulsions primaires, à coups de violence et de sexe. Le spectateur anonyme finit par être amorphe.

Les nouvelles technologies sont porteuses d'une autre dimension. Depuis que la télévision puis le magnétoscope ont remplacé le cinéma, permettant au spectateur de ne plus quitter son salon, la technologie ajoute la solitude à l'anonymat. L'individu n'a plus besoin de personne pour s'adonner à ses plaisirs de spectateur. Mais ce n'est certes pas une victoire : plus que jamais, il s'enfonce dans la solitude.

Sous le règne des idéologies, on pouvait déplorer le poids de la masse solitaire. L'anonymat a pulvérisé cette masse et tout se conjugue pour la réduire à ses unités premières, à des particules. Tout renvoie l'individu à lui-même, à des frontières qui, sous l'apparence de l'autonomie et d'une liberté retrouvée, l'annihilent. Bien sûr, on peut assister à tous les spectacles sans quitter son salon et, en faisant appel aux multiples formes de pornographie à domicile, on peut se passer de partenaire. Certes, le réel sexuel reprend vite ses droits et, avant l'entrée en scène de la nouvelle peste du sida, on pouvait se contenter de rencontres de passage, dans des bars pour *singles*, désignation on ne peut plus appropriée pour les nouveaux solitaires.

On constate dans la génération montante une recrudescence de la violence et du suicide et surtout une recherche d'évasion dans la drogue. Celle-ci accule le consommateur, en quête d'un monde sans souffrance et sans mal, à une totale solitude où le plaisir est évasion et oubli arrachés à la misère de vivre, au mal et au malheur. On cherche à tromper cette solitude en se passant un *joint* dans un cercle où la seule rencontre est celle de la reconnaissance de la solitude. Pour desserrer l'étau, briser le cercle infernal, on se précipite dans des échappées de violence avant de se laisser aller à l'absence et à la mort lente.

Dès les premiers signes annonciateurs, on a cherché à tromper cette nouvelle solitude en se groupant dans des communes où l'on pouvait se toucher indistinctement et fumer un *joint* collectif pour se retrouver, finalement, dans une solitude sans fond et sans issue.

L'individu a conquis des droits et, en contrepartie, est devenu une proie de la solitude. Il est seul dans ses plaisirs et ses évasions, seul comme spectateur, seul comme consommateur de divertissement.

Les transformations sociales ne font qu'accentuer ce phénomène. La notion de famille semble surannée. On se marie de moins en moins et on divorce de plus en plus. Ainsi, l'individu, dans les derniers retranchements de son rapport avec l'autre, se trouve dans la solitude, quand il ne la choisit pas délibérément.

Face à l'idéologie, alors que la notion de collectivité était désignée sous les vocables de peuple, race, prolétariat ou classes laborieuses, on pouvait parler de masse solitaire. À l'intérieur du groupe abstrait, l'homme de la masse, exploité, manipulé, était acculé à la solitude. Aujourd'hui, ce n'est plus l'individu qui découvre, au cœur de la masse, sa solitude. En atrophiant l'individu, en l'anonymisant, la culture marchande donne naissance à une armée de consommateurs, imperceptiblement policés, invisiblement contrôlés : une masse de solitaires.

L'artiste, le créateur se trouvent devant un choix : ou bien ils acceptent la marginalité et la solitude, ou bien ils changent de camp et s'engagent dans l'armée des fabricants de divertissement. Ils feront alors face à une concurrence acharnée qui n'a d'autre soif à assouvir, d'autre rêve à vivre que ceux de la réussite sociale et du gain. Ils seront souvent vaincus par ces vendeurs de divertissement sans états d'âme, sans interrogation, sans culpabilité. Ces marchands d'art ont même la conviction qu'ils remplissent un rôle salutaire de contrôleurs, qu'ils soulagent la misère et le mal dont souffre inéluctablement la multitude. Au mal de vivre, à l'ambiguïté de leur condition et de l'existence, en s'engageant à corps perdu dans le divertissement qu'ils fabriquent, ils opposent un appétit, un appel à une consommation tenace de tout ce que la société peut offrir : objets, signes de richesse, y compris le miroir aux alouettes des feux de la rampe.

Les autres artistes, ceux qui subissent la marginalité et qui sont acculés à la solitude, vivent dans l'attente, ignorés, souvent réduits à la disette. Pour eux, la solitude n'est ni un refuge, ni un lieu d'évasion, ni un remède. S'ils n'affirment pas leur foi en la culture et en l'art, ils se condamnent à une lente disparition dans le silence et l'oubli. Seule une puissante foi en l'art leur permet de vaincre la solitude. C'est la ténacité qui leur permettra peut-être de rejoindre, dans la masse anonyme, ceux qui espèrent préserver, dans une existence dont les ressorts leur échappent, la substance, le sens, qui tentent, autrement dit, de soustraire l'individu au néant de l'anonymat.

Dans la course à la rencontre d'autres solitudes, la solitude est brisée. Et tant que ces solitudes se reconnaissent et se rejoignent, la culture survit aux assauts des marchands, persiste dans l'échange. Dire la misère de la solitude est donc l'essentiel premier pas dans la volonté de la vaincre.

Au-delà du constat de la misère, de la cruauté et de l'injustice, la parole de culture dit la conviction que la vie peut être autre. Le proclamer est une affirmation de la persistance de l'espoir, de la ténacité de l'attente.

L'espoir de dire le monde à partir d'une solitude est une confiance en la résonance du mot, en l'éclat de l'image, en la force et en la pérennité de l'art.

À partir de la décision de l'artiste de prendre en charge sa personne, d'assumer sa solitude, de s'adresser au monde pour dire l'individu, sa dignité, son autonomie, son refus de s'effacer dans l'anonymat et la multitude, la culture persiste, prolonge son existence, poursuit son chemin. La société trace alors son passage, inscrit ses signes, vit au-delà de la mort. Car, quelque part, un homme résiste à la fatigue, à la sollicitation de se laisser dissoudre dans l'armée du silence. Il décide de dire son nom et de proclamer la continuité du mot, de l'image et de la mélodie.

L'artiste et la politique

Deux rapports distincts lient l'artiste à la politique et l'obligent à des choix : son rapport avec sa création et son rapport avec le public. Souvent, on confond les deux, et il arrive que les deux liens s'entremêlent. Prenons un cas précis : l'écrivain. À quoi sert un poème ? Pourquoi écrit-on un roman ? Dans les moments de découragement que connaît périodiquement chaque écrivain, il s'interroge sur l'efficacité de l'écrit. Passer des mois à écrire un roman que probablement personne ne lira, qui ne sera peut-être même pas publié, voilà des faits qui minent le créateur, qui ébranlent sa confiance dans le sens de son effort. Le rêve premier, l'impulsion fondamentale de l'écrivain, c'est de changer le monde. Ce n'est certes pas toujours par altruisme. Il n'arrive pas à vivre dans le monde tel qu'il est et, en cherchant à le changer, il en crée un autre, utopique ou tout simplement onirique qui devient réel et tangible par l'écrit. Catharsis ? Qu'importe. Le produit est là. Délirant ? Il sera vite oublié. Efficace ? Oui, s'il réjouit un lecteur, et si quelques âmes en difficulté, quelques esprits en quête ou en crise s'y reconnaissent. En lançant l'appel, l'écrivain change déjà le monde et vit dans l'attente jusqu'au prochain texte. Il arrive que ce monde autre soit celui-là même dans lequel une société s'inscrit. Ses désirs rejoignent alors les besoins d'un groupe et se confondent avec des projets politiques. C'est le début de l'ambiguïté, de la confusion, de la démission ou du retranchement, du retrait et de l'évasion.

À des moments de crise, l'écrivain ressent l'événement, le vit. Si ses mots rejoignent, fût-ce momentanément, par méprise ou coïncidence, les slogans des hommes politiques, il risque de tomber dans l'ambiguïté et d'être involontairement entraîné sur la voie des slogans et des mots des autres.

L'efficacité de ses écrits, fût-elle momentanée, lui monte alors à la tête. La littérature agit, son texte est action. De là à dire que toute littérature est action, il n'y a qu'un pas, et l'écrivain qui le franchit se trouve dans un camp qui n'est plus le sien. La coïncidence historique, la vanité passagère de l'efficacité lui font oublier son exigence première. Il a alors recours aux vocables efficaces, aux mots de la tribu et des médias, mots qu'il sait mieux manier que quiconque, avec plus de ruse; et le voilà à la traîne des autres. Il est de service. Il découvre rapidement qu'il s'est enfermé dans une prison et que, pour en sortir, il doit abandonner ses alliés de circonstance au risque de se dédire, de perdre son efficacité, sa popularité, de se marginaliser, et quand il n'est pas mis au pilori, il risque d'être relégué aux oubliettes. Il revient alors à son entreprise première, regagnant péniblement sa liberté dans la remontée d'une conscience personnelle, unique (car elle est éminemment subjective) du réel. À nouveau, il est écrivain, à ses propres conditions. À moins de se résigner et de démissionner.

À côté des artistes qui veulent changer le monde, d'autres ressentent un malaise à vivre et cherchent à se changer eux-mêmes. Cette démarche, qu'on appelle apprentissage, peut être une tentative de croissance d'adaptation, mais aussi un défi et un refus.

Revenons à l'écrivain. La société lui apparaît adverse, imperméable à son désir, muette à ses attentes. Il se recroqueville, pousse des cris déchirants, exprime l'étrangeté d'une vie qui se veut vraie. Des centaines, des milliers de solitaires croient trouver en lui un allié, un frère qui, l'espace d'un livre, les libère d'une aliénation paralysante. Du fond de sa solitude, l'écrivain se sent finalement en communion avec ses semblables. Par rapport à la politique, il chemine, selon les circonstances, entre l'interdit et l'indifférence. Le rapport avec la politique, même quand il est involontaire, ne va pas sans risques pour la liberté physique et la sécurité personnelle. Les cas d'écrivains assassinés, emprisonnés, interdits, censurés ou exilés sont trop nombreux et trop présents à l'esprit pour qu'on ait à les souligner. Par le refus, mais aussi par l'utopie, le rêve, l'écrivain peut changer la société. Si elle est moins visible, moins directe, son action n'est pas moins concrète. Il écrit pour qu'on le lise. Il s'adresse à une société où il se sent à l'étroit, parfois même rejeté. Le refus ne l'empêche pas d'avoir de l'homme et de la société une vision pénétrante. Bien qu'il se situe en marge, qu'il déclare son indifférence vis-à-vis des hommes au pouvoir, qu'il ignore les dirigeants politiques, ceux-ci le reconnaissent, cherchent à le gagner à leur camp en lui prodiguant honneurs et récompenses et, quand il apparaît trop récalcitrant, lui opposent de l'indifférence et souvent de l'hostilité. Ils peuvent réussir à l'acculer à la gratuité, à la dérision, à l'ésotérisme quand ils ne parviennent pas à le mater. Il ne chantera pas les mérites d'un régime mais sera transformé, parfois avec son consentement, en fabricant de divertissement.

Quand il n'est pas récupéré, cet écrivain sait qu'il n'écrit pas pour l'immédiat. Son œuvre creuse ses propres sillons, perdure et remonte à la surface, parfois après sa mort. Elle échappe au temps même si, dans certaines circonstances, elle coïncide avec l'événement.

À côté des écrivains qui participent à l'événement et de ceux qui s'en retranchent, il y a l'écrivain de la célébration. Il chante la vie, l'amour et la nature. Il ne se contente pas de décrire et ne signale pas que le bonheur et les plaisirs.

Conscient du malheur et de la mort, de la fuite des jours et de l'incertitude des passions et des amours, il célèbre la victoire de la vie, la conquête du lien, la présence de l'autre et de la nature. Tout à tour rêveur, utopique et élégiaque, il n'est pas moins exigeant ni moins subtil dans sa vision du réel que le marginal ou le pessimiste qui disent le malheur pour se réconcilier avec un bonheur incertain. L'écrivain de la célébration n'est pas moins vulnérable que les autres. Il ne dérange certes pas le pouvoir, mais il se trouve politiquement et socialement neutralisé.

Cependant, la menace la plus grave qui pèse sur cet écrivain est celle du commerce. Les marchands de papier imprimé chercheront à réduire son produit en divertissement. Car, à côté des hordes qui s'adonnent à cette industrie, un écrivain sérieux, qui chemine sur sa voie propre, renforce la résonance marchande du livre et procure une caution intellectuelle et culturelle à une industrie qui ne se soucie que de ventes et de bilans commerciaux. Le succès peut apparaître neutre, alléchant et sans conséquence quant à la substance de l'œuvre. Or l'ambiguïté du rapport avec le public place cet écrivain dans une situation contradictoire. À moins d'avoir assez de volonté et de posséder un évident passé littéraire, son texte, quand il n'est pas récupéré et exploité, sera banalisé, et sa lecture sera déterminée par la modalité de son rapport avec le public.

L'artiste se trouve devant deux exigences, deux nécessités qui deviennent deux besoins. Il doit gagner sa vie, disposer de moyens de produire son œuvre et ensuite rejoindre un public, le public, le sien.

Les revenus du produit culturel sont insuffisants ou, s'ils sont substantiels, tardent à venir. Il existe un décalage entre l'effort, les heures que nécessite le travail de l'artiste et sa rémunération.

Les mécènes d'antan passaient des commandes, transformaient ou du moins cherchaient à transformer l'artiste en partisan et en courtisan. Au cours des siècles, l'art finit par triompher, laissant sur sa route victimes et déchets. À l'âge de l'industrie, le public s'est multiplié. L'artiste ne serait plus au service du Prince. C'est vite dit. Le Prince n'a fait que changer de tête. Il porte maintenant les habits de l'État et de la Corporation.

La présence de l'État n'est pas le fait d'un hasard historique, mais la conséquence de la transformation du rapport de l'artiste avec le public. L'écrivain le plus ésotérique a besoin d'être publié et, une fois son livre imprimé, il importe de le mettre en marché, de le promouvoir. D'où le passage obligé par la presse et, de plus en plus, par la presse électronique.

Pour survivre à l'anonymat dans la société industrielle, l'individu a besoin d'une substance culturelle, arrière-plan et raison d'être. Les dirigeants politiques le savent : l'économie, les services de sécurité, de santé et de bien-être ne sont qu'une dimension du rôle de l'État. Il importe qu'il assure la vie culturelle de la société, sauvegarde un patrimoine et contribue à son développement. Non seulement le rôle de l'État est essentiel à la vie de l'artiste, mais le rôle de l'artiste est également essentiel à la survie de l'État. Sur le plan concret, celui-ci doit établir les règles de circulation et de diffusion de la culture, mais aussi fournir les moyens matériels nécessaires à cette circulation et à cette diffusion.

Une technologie toujours en marche et en changement, perpétuellement éphémère, rend l'intervention de l'État de plus en plus coûteuse. Quand l'État détenait le monopole de la distribution d'ondes limitées, il était tenté de s'en servir à des fins politiques. Or, depuis que la technologie a éliminé certaines restrictions d'accès aux ondes, la concurrence pour la conquête du public s'est universalisée et l'État est contraint de l'abandonner au marché, à l'entreprise privée, se gardant un droit de participation et de coordination. L'entreprise privée a vite atteint la limite des ressources de la publicité qui l'alimentaient en revenus. Pour le public, le choix des programmes s'est étendu et, afin d'attirer un public plus vaste, les entreprises de diffusion ont recours au dénominateur le plus commun, rendant le choix et les options de programmes de plus en plus illusoires. Nous assistons à un phénomène contradictoire. En apparence, les nouvelles technologies élargissent le champ de la liberté mais, en fait, elles le restreignent. Plus le public s'étend, plus il devient uniforme et plus le produit qui lui est présenté est anonyme. Pour échapper à l'anonymat étouffant et insupportable, le public se diversifie, se livre à des choix délimités. Pour répondre à ces besoins, la technologie n'a d'autre option que de revenir à une forme d'artisanat technologique. L'artiste, qui était et qui est toujours en passe de céder sa place au fabricant technicien, refait surface. Il reprend sa place et doit en assumer le prix. Pour échapper à l'anonymat, l'industrie revient à la création, et celle-ci est essentiellement individuelle. Pour ne pas tomber dans la redondance, et provoquer ainsi l'ennui et l'indifférence du public, l'industrie est forcée de recourir au créateur, à la différence, à la subjectivité.

Les dirigeants politiques assistent à l'effondrement des idéologies universalistes régnantes. Pour parer à la menace d'un retour au tribalisme, ils n'ont d'autre choix que d'accepter la différence à condition de ne pas l'édifier en clôture ni d'en faire une prison. D'où le retour à la création, à l'individu, à l'artiste. En dépit des préjugés, on constate que celui-ci n'est pas un solitaire qui poursuit un rêve narcissique. Il répond au besoin de la société de donner à la parole un sens et d'établir un rapport entre parole et acte. Le créateur revient à la parole, la redécouvre. Il remplit ainsi un rôle social, un rôle éminemment politique. Il importe que l'État lui assure les moyens de s'exprimer, d'avoir accès aux moyens de transmission. Et qu'il lui fournisse, pour commencer, des moyens de subsistance.

L'artiste, aussi fragile et aussi isolé qu'il puisse paraître, est la force la plus tenace qu'une société oppose à l'envahissement de l'anonymat et à la violence à laquelle il aboutit. Face à la montée du langage anonyme que véhiculent les médias, la pulsion primaire d'un sentiment tribal remonte à la surface dans le fracas et le sang. Violence aussi meurtrière que vaine si la parole ne vient pas rapidement faire redécouvrir le sens, la substance des cultures. Parler une langue qui colle à la peau, qui pousse très loin ses racines dans l'histoire et les traditions, peut donner l'illusion de reprendre en main le concret, de rejoindre à nouveau le réel. Pour dire quoi? À travers la profusion des images, souvent grâce à la redécouverte des mots oubliés, l'artiste retrouve la parole antique et lui donne vie, et cette parole ne peut pas être une régression à un archaïsme figé. Partie de l'origine, cette parole va à la rencontre de l'autre, en lui empruntant ses mots et en les lui redisant, traduits, transformés, vécus.

La structure qui assure un rapport direct entre l'instance politique et l'artiste présente indéniablement des avantages. L'homme politique prend en charge l'expression culturelle, en assume le poids, c'est-à-dire le coût. Il ne fait là, certes, que traduire la volonté d'une société. Par rapport à l'artiste, il assume le rôle d'interlocuteur. Il peut être animé par la volonté la plus ferme de laisser l'artiste parler librement, d'être à son écoute et de lui faciliter les moyens de rejoindre son public. Il est souvent heurté par la véhémence de l'artiste dont l'opposition n'est, le plus souvent, qu'impatience.

L'attente déçue peut sembler à l'artiste la fin de l'espoir, mais tant qu'il poursuit son chemin, il démontre sa confiance et exprime son désir. Il existe entre ses mots et ceux des médias, entre son discours et celui de la société, un décalage qui peut facilement conduire à son éloignement de la structure politique. On ne bâillonne pas nécessairement l'artiste, mais la censure exercée contre lui n'en est pas moins insidieuse malgré des apparences innocentes et une soi-disant bonne conscience. L'artiste qui n'abdique pas survivra, mais il lui faudra attendre une génération.

Une autre structure peut éviter à l'artiste des inquiétudes et par conséquent des efforts inutiles : des institutions maintenues à distance et qui servent de tampons. Dans ce cas, les dirigeants politiques ne se considèrent pas comme les représentants d'un gouvernement, encore moins d'un parti. Ils sont l'émanation de l'État. Des institutions autonomes sont mises en place qui assurent le financement de l'artiste et des organismes artistiques. Ces institutions ne sont pas aveugles, encore moins neutres. À travers l'État, elles émanent du milieu artistique tout en exprimant la volonté d'un public, d'une société. Elles permettent à l'artiste de créer, dans les conditions les meilleures, dans la liberté et dans un minimum de sécurité matérielle. Tout en assurant la liberté de création, ces institutions permettent l'accès au public le plus large, fût-il diversifié. Si elles sont essentielles à la vie d'une société, le rôle politique de ces institutions n'est pas ressenti dans l'immédiat. À court terme, elles ne sont pas rentables politiquement. Le gouvernement joue alors son rôle de serviteur du public sans que son appui soit visible.

Le gouvernement étant prisonnier de sa propre survivance, l'homme politique peut difficilement se contenter d'œuvrer silencieusement pour le bien public dans la promotion de la culture. Son rôle doit être visible, tangible, médiatisable. Il peut se sentir moins engagé quand sa responsabilité envers les institutions culturelles n'est pas directe. Et l'artiste se retrouve seul avec sa liberté. L'État se tient à distance, dans tous les sens, y compris celui du financement. Avec les nouvelles technologies, le coût de la culture devient prohibitif et celle-ci n'étant pas politiquement rentable, le gouvernement peut accepter de se placer à distance et de se retirer. Et c'est la loi du marché qui règne avec toutes ses conséquences.

Le produit artistique transmis par une technologie coûteuse est un produit industriel. Si, à l'instar des produits industriels, il est soumis aux lois du marché, il doit obéir aux lois du commerce, c'est-à-dire celles de la rentabilité. Il ne sera plus question d'une rentabilité sociale, artistique et culturelle. Le produit est mis en vente et sa viabilité dépend du nombre d'acheteurs. Un procédé facile est de faire passer le produit artistique d'une commodité de base à un support. Ce qu'on vend en l'occurrence est une voiture ou un savon. Et le produit artistique doit participer à l'opération. Du moment qu'il attire un public de masse, il est rentable, et sa liberté et son autonomie sont, en apparence, assurées. Le produit non rentable est écarté. Sans que ce soit flagrant, nous sommes en face d'une forme de censure et d'interdit.

Quand, par ailleurs, le succès de vente du produit artistique devient le critère de base, la vente d'un livre, par exemple, obéira aux mêmes exigences que la vente d'une bouteille de bière. Bien sûr, il arrive que des lauréats du prix Nobel de littérature figurent sur la liste des best-sellers. Il est évident qu'un produit artistique peut être commercialement rentable. La situation devient problématique, voire inquiétante, quand la rentabilité est non seulement un des critères, mais la condition principale de production et de diffusion. L'artiste, encore une fois, sera confronté à la censure, à l'interdiction, fussent-elles invisibles.

Tout artiste cherche à joindre un public, son public. Il peut arriver que, par malentendu, il joigne un autre public que celui auquel il a destiné son œuvre. Il sera alors tenté de modifier son produit, ce qui constitue une menace insidieuse à sa liberté, surtout si le public qu'il a atteint est plus vaste que celui qu'il avait imaginé. S'il est assez convaincu de sa démarche, il la poursuivra, imperturbable, quitte à faire face à un succès moindre, voire à un échec. Si le succès présente un risque, cela vaut la peine pour l'artiste de le courir, même si les artistes les plus fragiles y succombent. Cette menace n'est pas moins grande que celle d'une absence de public, de sa rareté. Vivre dans l'attente d'un accueil, d'une réaction qui tarde à venir paralyse certains artistes qui doutent alors de leur entreprise, la croient vaine et inutile. Si, convaincus de leur insuffisance, ces artistes renoncent à poursuivre leur démarche, ce sera une perte pour une société insensible et indifférente.

Naviguant entre les écueils des récupérations politiques et commerciales, cherchant à produire une œuvre pour l'offrir à une société accueillante, réceptive, l'artiste, s'il s'arrête pour réfléchir à sa condition, se rend compte qu'à long terme, ses besoins et ses aspirations correspondent à ceux de la société. Il est la conscience d'un sens à chercher, à arracher à l'indifférence, un sens jamais conquis. Sa voix n'est pas solitaire, elle est celle d'une société qui, pour vaincre l'anonymat, cherche une expression. L'artiste le plus solitaire en apparence réussit à réconcilier les silences, les solitudes et, au-delà du bruit et des visages obscurcis, permet à chaque homme et à chaque femme de se remettre à l'écoute de leur propre voix, de regarder leur propre visage pour découvrir la voix et le visage de l'autre.

Création et déplacement

Dans le déplacement, l'écrivain se rend compte que toute création est une re-création de soi. Poussée plus loin, à son extrême limite, cette tentative de saisir le sens est une approche, une appréhension de l'initiale création du monde, la seule création réelle.

Le déplacement est inhérent à toute écriture. Le réel n'est donné, exprimé et saisi qu'à travers l'interprétation qu'on en fait. On croit décrire un sentiment, une émotion, mais, faute de pouvoir en jamais saisir l'immédiateté, on n'en donne qu'une interprétation.

La durée est un perpétuel déplacement. Au moment où j'en parle, je ne suis plus l'homme qui a ressenti cet amour ou cette amitié, à moins de leur redonner naissance, de les vivre à nouveau. Où se situe donc le réel? Dans le sentiment ou dans le récit qu'on en fait? L'écrivain n'a pas le choix. Il se situe perpétuellement à distance des mouvements du cœur et du corps. Il en est l'interprète.

Le déplacement dans l'espace accentue l'autre déplacement, celui qui se situe dans la durée, et en donne conscience. Par l'éloignement, le lieu initial s'associe au désir, qui n'est souvent qu'une nostalgie masquée, et le lieu présent est mis à distance, écarté comme étrangeté et refus. Mais le refus attribué au lieu nouveau est en fait un masque du désir et du besoin, de même que de l'incapacité de les vivre.

Reste à l'écrivain la possibilité de dire le désir et, ce faisant, de contourner, de neutraliser la nostalgie et le refus. Il invente alors une vie qu'il réclame comme sienne et la revit dans l'imaginaire. Il fait le récit de l'histoire qu'il se raconte. Le déplacement dans le temps et l'espace n'est pas le seul ni le premier que l'écrivain affronte. Dieu a dit la création et il a confié à l'homme la tâche d'en nommer les unités. Dans quelle langue? Avec quels mots? Le rêve premier était celui d'une langue unique et de l'équivalence des mots et des choses. La tour de Babel s'est effondrée en raison de sa propre impossibilité, de la prétention de l'homme d'égaler Dieu dans l'acte de création. L'aboutissement aurait été l'immobilité, c'est-à-dire la mort.

L'écrivain invente son histoire et, pour la raconter, a recours à des mots qu'il découvre et invente. Obstacles toujours difficiles à franchir, les mots ne sont qu'approximation, qu'une tentative d'atteindre, sinon l'exactitude, du moins la réalité d'une substance, qui n'est en fait qu'une réalité seconde, imaginée. L'écrivain est conscient de ces limites : il sait qu'une vie n'est vécue que parce qu'elle est racontée et qu'une vie racontée est une vie imaginée, inventée.

Le poète, lui, transforme le mot en substance. Le mot devient alors le réel, court-circuitant ainsi l'histoire, la résumant, la condensant jusqu'au seuil de l'éclatement. Pour ma part, j'ai trop changé de mots pour ne pas voir en eux, d'abord, l'outil, l'instrument.

Nommer, toutefois, c'est identifier, singulariser, découvrir et inventer. Par paresse, par incapacité ou par pauvreté d'imagination, on peut recourir à des mots tout faits, apprêtés, dévalorisés, des mots clichés. On ne raconte plus son histoire, on n'invente plus sa vie, on copie celle des autres, on calque l'air ambiant, on répercute ce que l'on entend. Du coup, on n'est plus dans la création, dans l'écriture. On encombre le monde de mots, de phrases toutes faites, redondantes. Et on s'arrête, on s'appesantit sur l'origine du mot, la structure de la phrase, bref, sur les mécanismes de la langue. On croit trouver le sens dans le vecteur du sens. L'histoire devient mode d'emploi. Comment la raconter? Pourquoi en faire le récit? Ces questions dispensent de plonger, de se mettre à l'œuvre, de raconter l'histoire tout simplement. La rhétorique prend le pas sur l'écriture et l'explication de l'écriture sur l'écriture elle-même. Le sens est oblitéré par la manière de l'atteindre.

L'écrivain découvre qu'il est immigrant. Il peut ne quitter que son quartier, sa rue, mais il ressent physiquement le déplacement. Et quand il se met à en faire le récit, il s'aperçoit qu'il doit à nouveau immigrer dans une langue autre, qui ressemble à la sienne, fût-ce la sienne. Quitter sa langue est une tâche plus ardue, plus douloureuse que celle de quitter son village, sa ville ou son pays. Le paysage se donne, s'ouvre sur l'imaginaire, invite à la demeure. La langue revêche, récalcitrante exige une obéissance à des règles éprouvées, à une vision du temps et du réel, à une approximation entre les mots et les choses. Comment l'apprivoiser, la gagner sans s'y soumettre? On peut l'aborder par ce qui se prête rapidement à l'usage et on s'arrête alors à l'apparence. Ou bien, portant en soi sa patrie, la demeure d'origine, à travers les déplacements, on reprend les mots d'antan et d'ailleurs. On les isole et on vit dans l'exil. Ils sont autres, ils n'appartiennent plus à un espace. Cette apparente libération n'est, en fait, qu'une illusion de liberté. Les mots qui ne retentissent pas dans des lieux, qui n'ont pas d'échos finissent par se vider, à moins qu'on n'aille les chercher dans les livres, les débusquer, les sortir de leur gîte. L'écrivain qui choisit l'exil peut inventer une langue intérieure; son récit devient alors une reconnaissance de lieux imaginaires relégués à une mémoire dépositaire d'un réel évanoui et dépourvu de durée et d'espace.

Or, les lieux existent. L'écrivain est appelé à les regarder, à y vivre et à les vivre. Il ne peut pas se contenter de contempler la nature. Elle finit par être semblable à elle-même. Une montagne n'est qu'une montagne, et un fleuve un cours d'eau. On s'approprie les lieux en les transformant en demeures, en en faisant les lieux de nos sentiments et de nos émotions. On les perpétue dans une mémoire. Les lieux nous modifient, nous redonnent naissance. Les lieux du passé vivent dans une mémoire qu'on cherche à prolonger dans le présent. Nous en acceptons la beauté ou la laideur, le froid ou la chaleur. Nous nous les approprions mais nous leur opposons nos plaintes. Nous cherchons à modifier les lieux pour nous y adapter. Nous les aménageons pour notre confort et notre bien.

L'écrivain part à la rencontre des habitants. Il apprend leur langue pour les entendre et leur parler. Mais le paysage humain lui apparaît d'abord fermé, sinon hostile. Il parle une langue qu'il n'écrit pas, qu'il n'écrit pas encore, et il doit donner à chaque mot une définition avant d'en percer le sens.

Que d'embûches! Que de malentendus! Il se sent rejeté, incompris. Il est tenté de se buter, de se réfugier dans la plainte. Une main lui est tendue et il s'envole en rêve et en désir. L'autre est différent, se dit-il, mais il n'est pas singulier. Il n'est plus un étranger. Il se met à l'écoute et il absorbe. Il n'est plus en marge, un observateur de passage. Il regarde l'autre. Comment percer le mur d'une culture différente? Il n'est plus question de curiosité, ni même d'un savoir, mais plutôt d'un apprentissage. L'écrivain revient à sa langue et à sa culture pour les revoir: transplantées, elles ne sont plus les mêmes.

Changer de langue constitue pour l'écrivain le pas décisif et ardu. Dans la langue de l'autre, la sienne survivra malgré lui, par le ton, l'intonation et, d'une façon plus subtile, dans le rapport avec le réel. La langue d'adoption contiendra désormais la mémoire d'émotions et de sentiments vécus et exprimés par d'autres vocables.

S'il cède à la tentation d'attirer l'attention et de susciter l'intérêt, l'écrivain se transforme en producteur de divertissement. Enfance fabuleuse, famille haute en couleur, parents plus grands que nature, cités merveilleuses, contrées lointaines... Qu'importe s'il fabule, du moment qu'il amuse et divertit. Mais cet intérêt est passager et l'auteur est rapidement relégué à son origine, à son exil doré.

Certains écrivains choisissent volontairement l'exil. Ayant dû quitter leur pays pour échapper à la prison ou à la mort, ou possédant déjà une œuvre écrite en une autre langue que celle de leur nouveau pays, ces auteurs continueront de s'adresser à un public réel mais interdit en attendant une délivrance et des retrouvailles. Ils poursuivront une œuvre, chercheront à la faire traduire pour se faire reconnaître, pour que les écrivains et le public du nouveau pays prennent conscience de leur existence. Leur univers sera sauvé et réinventé par l'écrit.

L'exil voulu ou consenti peut procurer un confort et, par la rencontre avec d'autres exils et d'autres exilés, un réconfort. Puis le pays ambiant s'infiltrera dans la mémoire d'un ailleurs de plus en plus flou qui n'aura d'autre précision que celle de l'invention et de l'imaginaire.

Si l'écrivain ne s'enferme pas dans la sécurité illusoire de la différence, il se met à jeter un regard candide et neuf sur la nouvelle société. Et cette approche lui permet de faire son entrée dans une société autre, à ses propres conditions. Il n'est plus accueilli comme une curiosité, mais comme un observateur qui ne se contente pas de juger de l'extérieur, mais qui tente, par sa propre description de l'humanité qui l'entoure, d'en faire partie, de participer à ses joies et à ses misères. Il recrée un nouveau pays et, fût-ce inconsciemment, recrée son pays d'origine, devenu un lieu de mémoire où il se sent affranchi de toute contrainte, laissant libre cours à l'évocation et à la célébration.

Il arrive aussi qu'une douleur passée soit amplifiée, et que, l'ayant vaincue, l'écrivain cherche à la magnifier. Le fait d'avoir été victime et d'avoir été sauvé peut susciter la compassion et l'intérêt. Cependant, la poursuite de l'évocation de la souffrance peut entraîner le rejet, l'ennui et la réduction à la singularité, à l'étrangeté qui, souvent, ne sont que des avatars de l'exotisme.

À l'inverse, la tentation de taire un passé obsédant, les précautions constantes pour éviter d'y revenir, d'y faire allusion, constituent une contrainte qui altère l'écriture. La volonté affichée de ne s'intéresser qu'au monde présent et de s'engager dans la vie de la nouvelle société donne un ton d'artifice à l'écriture.

L'écrivain, modeste par définition, peut toutefois confondre la création avec l'originalité, et celle-ci avec la nouveauté. Il voudra être le premier à avoir trouvé et à avoir dit. Orgueil? Illusion, surtout. Face à une culture inconnue, à une société nouvelle, il peut aussi manifester une curiosité susceptible de mettre en question son passé, sa pensée, son rapport avec le réel. La tâche est lourde et s'il n'a pas la force et le talent d'y faire front, l'écrivain est paralysé. Il reporte alors à plus tard l'écriture qui, elle, finit par l'abandonner.

En affrontant le nouveau milieu, l'écrivain peut se mettre à l'écart, se targuer d'être un observateur neutre. Or, dès qu'il choisit de ne pas vivre le quotidien, il se dessèche et se réfugie dans la nostalgie, à moins de trouver un exutoire dans l'onirisme.

S'il est jeune, s'il sent sourdre en lui des ressources inépuisées, une volonté de se situer au cœur d'une société encore inconnue, il y plonge, la découvre et se découvre. Une culture nouvelle ne nie pas celle que nous portons et qui nous semble familière. Or, si la culture que nous portons est encore vivante, nous nous rendons vite compte que nous sommes loin de la maîtriser. Elle s'ajoute à la culture nouvelle, l'augmente, la métamorphose. L'écrivain qui évite ou refuse la métamorphose s'étiole, s'affaiblit et finit dans le confort du silence. S'il a la force et la volonté d'accepter le défi, l'affrontement, la mise en question, il parviendra à être ce qu'il est véritablement, un écrivain qui se recrée en recréant la société ambiante et en jetant un regard toujours neuf sur une humanité dont il partage la vie et le destin.

La nouvelle culture et, pour commencer, la langue nouvelle, forcent l'écrivain à renouveler son rapport avec sa propre culture qui, désormais, contient la nouvelle culture et y est contenue. S'il conserve sa langue d'écriture, il saura qu'elle ne sera plus la même et s'il adopte une nouvelle langue, elle sera sienne. Il l'inventera, la définira en l'acceptant, en obéissant à ses règles. Il y inscrira son récit.

En changeant de langue et de culture, il constatera qu'il n'a fait que se déplacer, qu'aménager à nouveau une distance. Il l'aurait fait de toute façon, différemment. Là, il le fait dans l'accélération et le drame, pressé, poussé, violenté. S'il sait résister, il absorbera le choc, ajoutera à sa richesse des biens inconnus. En persistant, l'écrivain se recrée en créant.

Comment on devient un écrivain francophone

Un écrivain choisit toujours sa langue. C'est un fait dont j'ai pris conscience au moment où, adulte, j'ai changé de langue et ai décidé d'écrire en français. La langue de l'écrivain peut ressembler à celle qu'enfant il a entendue et parlée. Elle n'en demeure pas moins une langue d'adoption. J'ai commencé à écrire en arabe, langue écrite, «classique» si je peux dire, puisque l'arabe écrit n'est pas parlé. Les communications orales se font à l'aide de dialectes, celui d'un des interlocuteurs, ou un mélange des deux. Changeant de langue, j'ai mis longtemps à comprendre qu'on entretient avec les mots des rapports, qu'on prend des engagements et des responsabilités qui vont bien au-delà de l'usage qu'on en fait quotidiennement.

J'ai traversé plusieurs étapes dans mon apprentissage de la langue française. Elle a d'abord été un instrument de formation. Avant de la parler, j'ai lu dans cette langue des livres qui ont bouleversé ma vie. Ce rapport initial a profondément marqué mon rapport ultérieur avec le français. Du fond de mon Orient natal, à Bagdad, je devais déployer un effort considérable pour obtenir des livres étrangers. Bien sûr, je lisais ce qui était disponible en arabe, mais on atteint rapidement les frontières d'une langue et les limites qu'elle impose à la connaissance. Pour moi, l'accès au savoir et à la connaissance devait passer par d'autres voies : l'anglais et le français. À Bagdad, c'était l'anglais qui prédominait.

Nos choix fondamentaux sont d'abord émotifs. Plus tard, nous leur trouvons des motivations et des justifications. Ils possèdent, néanmoins, une rationalité qui brise le convenu et ignore les exigences sociales. Ces choix sont souvent, certes, contrariés. Nous les étouffons par manque de volonté et de désir, nous passons notre vie dans la frustration, les regrets et la nostalgie des occasions perdues. L'anglais aurait pu être, pour moi, le choix logique ou, pour être plus précis, le choix confortable. Inconsciemment sans doute, je sentais, alors, que j'y resterais toujours à l'extérieur, étranger. Instrument de savoir et, à certaines occasions, de connaissance, l'anglais ne se présentait pas à moi comme une invitation au départ et au recommencement. Ce n'est que plus tard que j'ai découvert que le véritable enjeu était la liberté et que celle-ci était le choix premier, le choix fondamental.

Étudiant à Paris, le français était devenu pour moi un instrument de communication, un outil du quotidien. Pas à pas, étape par étape, je m'initiais à des coutumes, des traditions, des habitudes, des politesses et des clichés. De surprise en mésaventure, d'accueil en réticence et refus, je faisais mon entrée dans un monde inconnu que j'appelais de tout mon désir et qui me semblait supérieur, amical, fraternel et parfois indifférent, voire hostile. On me corrigeait, me rabrouait et je ressentais cela comme un rejet. Je changeais de rituel et j'avais l'impression que je ne revêtais pas simplement d'autres habits mais que je faisais peau neuve. Ainsi, c'est par le quotidien que je me laissais envahir, pénétrer par la langue, et je tentais, imperceptiblement, de m'implanter dans une culture, de pousser des racines dans une civilisation.

J'ai quitté la France, prenant la décision de faire ma vie en Amérique, mais dans une Amérique française. Il y a une quarantaine d'années, Montréal était une ville divisée, doublement divisée, doublement provinciale, francophone et anglophone, sans ordre, sans harmonie. Je me retrouvais dans une ville de quartiers édifiés selon les langues, les religions et les ethnies, semblable aux villes du Moyen-Orient où les Ottomans avaient installé leur ordre, où chaque quartier appartenait à une *millet*, une communauté. Je devais, à nouveau, apprivoiser un quotidien, réapprendre une langue. À Paris, je continuais à écrire en arabe. Ma région natale, alors, me semblait encore proche dans l'espace et le temps. À Montréal, écrire en arabe me paraissait insolite, voire un effort vain, une entreprise futile. Je savais que je devais choisir entre un exil permanent et un nouveau départ. J'ai opté pour le pays neuf et, alors, la langue nouvelle est venue à ma rescousse. Un fil conducteur liait désormais mon apprentissage parisien et ma tentative de m'approprier le nouveau pays. J'ai donc décidé de faire du français *ma* langue. Non seulement pour vivre dans la langue de mes voisins, mais pour cesser d'être un spectateur, pour être partie prenante d'une culture. J'allais me situer à l'intérieur d'une civilisation. Le français n'était plus pour moi uniquement un instrument d'apprentissage et de communication. Il était désormais un mode d'expression, autrement dit, une manière de vivre. J'ai décidé d'écrire en français, de n'écrire qu'en français.

Des années plus tard, lisant une traduction en arabe (ma langue maternelle et ma première langue d'écriture) d'un extrait de mon roman *Adieu Babylone* dans lequel j'évoque mon enfance à Bagdad, j'ai mesuré le bouleversement qu'a représenté dans ma vie le choix du français. Je lisais l'arabe de l'extérieur et j'assistais, à travers cette lecture, à une vie qui était mienne, racontée à des étrangers qui parlaient la langue dans laquelle s'était déroulée l'action. Les mots n'étaient plus de simples vecteurs, de simples outils de transmission. Ils disaient une réalité. Or, cette réalité, dite en français et destinée à des lecteurs francophones, était devenue autre. Je racontais une histoire à des lecteurs de Montréal, ma ville d'adoption, et mon histoire n'était plus la même, comme si elle ne m'appartenait pas. En arabe, paradoxalement, elle me paraissait doublement étrangère. Elle ne correspondait plus aux mots dans lesquels elle était désormais vécue, et elle ne s'adressait plus aux lecteurs pour lesquels elle avait été écrite.

Y a-t-il là étrangeté? Aliénation? Non pas. Toute histoire n'est réelle que par les mots qui la véhiculent.

Je me suis demandé si cette transplantation d'un réel dans des mots nouveaux était une expérience singulière. À moins de rechercher l'exotisme, la fausse étrangeté, toute vie, transformée en histoire, est inventée et correspond aux mots qui la font surgir de l'ombre.

L'être de l'écrivain demeure indéfini tant que des mots ne l'extériorisent pas. Je suis devenu ce que mes mots m'ont fait. D'un magma imprécis, perdu dans le brouillard de la mémoire et du rêve, je tisse un récit d'une apparente cohérence, et l'écrit est chargé de la pesanteur du réel dans un mouvement propre, qui m'échappe.

Or, il ne m'échappe que si je me soumets à la règle, obéis aux mots. Et je me rends compte que la langue que j'invente m'invente et me donne naissance.

Imperceptiblement et irrésistiblement, j'entre dans un château lointain et inconnu. Là sont gardées une histoire et une littérature, et je me découvre des ancêtres et des maîtres. Et un héritage. Je ne peux pas poursuivre mon chemin si je ne les accepte pas dans un choix libre. En même temps, il m'est impossible d'oblitérer un héritage autre, ancien, que je porte. Si j'accepte la superposition, le déchirement, la division de l'être, je me trouverai devant la page blanche, paralysé, ne sachant plus comment et par où commencer. Je m'aperçois alors qu'à ce niveau les mots ne sont pas interchangeables. C'est à moi, à travers l'écriture, de transformer la modification en métamorphose. Il importe que j'accepte et que j'assume le risque. Celui de ne plus me reconnaître. De me regarder dans le miroir et de ne plus retrouver mon visage. Il y a risque aussi que l'oubli forcé, voulu, aboutisse au mutisme. Si je n'adopte pas, fût-ce malhabilement, les mots nouveaux, je peux conclure que je n'ai plus rien à dire, confondant ainsi difficulté et absence. Le changement d'existence ne signifie pas l'absence d'être ou son effacement. Au contraire, l'acceptation du risque, le consentement à la métamorphose, sa permanence dans un présent, le changement, augmentent, enrichissent une vie.

J'accepte et j'accueille l'héritage et la réalité quotidienne que portent les mots nouveaux. Dès lors, pour puiser dans cet héritage, je ne cesserai de l'étudier. Il est désormais mien. À moi de le connaître pour l'intégrer.

J'apprends alors que ces mots sont aussi porteurs de valeurs. La première est celle qui fait de moi un citoyen libre, dans l'égalité. L'héritage est à prendre, à posséder. Il ne dépend ni d'un territoire ni d'une origine. Il est un don libre et ne peut être acquis que dans la liberté. Désormais, il m'incombe à moi aussi de le préserver et de le défendre.

Cette liberté ne se limite pas à l'expression. Elle ne se limite pas à l'héritage lui-même. Je peux m'approprier les mots qui m'étaient donnés et que j'ai reçus pour dire mon héritage propre. Je l'exprime et je constate qu'il n'est plus le même, qu'il s'est transformé de par ma métamorphose.

Toujours oriental, je suis écrivain québécois. Québécois, je suis un écrivain de la francophonie. Les mots nouveaux m'appartiennent et me lient. Ils sont aussi porteurs de sens. L'histoire en fait des emblèmes et des éveilleurs. Un pays, la France, les avait choisis et les avait imposés à une population autrement disparate et en a fait un instrument de liberté.

J'ai découvert l'égalité des hommes à travers une langue qui fait de ses usagers des citoyens.

Au-delà de l'origine, des convictions religieuses, du lieu de naissance, il existe entre francophones une alliance tacite. Ils défendent l'importance de s'exprimer, une liberté qui se transmet. Riche dans l'humilité, l'écrivain francophone est à l'orée d'une ère qu'il n'entrevoit pas encore clairement. Il vit pourtant une évidence. Il est le gardien d'un bien et il lui incombe de le partager. Les mots que j'ai acquis sont mes alliés. Je dois me battre pour les apprivoiser. Ils me possèdent autant que je les possède. Il me relient au monde, pourvu que je plonge dans mon monde pour le découvrir et le donner.

Collection Constantes

Achevé d'imprimer en avril 1996 chez

✓ VEILLEUX
IMPRESSION À DEMANDE INC.

à Boucherville, Québec

l'irrédentisme
juguler
leurrer
vivant dans la disette
gruger